阅读中国·外教社中文分级系列读物

Reading China SFLEP Chinese Graded Readers

U0558600

总主编 程爱民

中国传统戏剧故事

Stories Adapted from Traditional Chinese Plays

五级主编 敖雪岗

编者 赵莉

五级

3

上海外语教育出版社

SHANGHAI FOREIGN LANGUAGE EDUCATION PRESS

主编的话

每个学习外语的人在学习初期都会觉得外语很难，除了教材，其他书基本上看不懂。很多年前，我有个学生，他大学一年级时在外语学院图书室帮忙整理图书，偶然看到一本《莎士比亚故事集》，翻了几页，发现自己看得懂，一下子就看入了迷。后来，他一有空就去图书室看那本书，很快看完了，发现自己的英语进步不少。其实，那本《莎士比亚故事集》就是一本牛津英语分级读物。这个故事告诉我们，适合外语学习者水平的书籍对外语学习有多么重要。

英语分级阅读进入中国已有几十年了，但国际中文分级教学以及分级读物编写实践才刚刚起步，中文分级读物不仅在数量上严重不足，编写质量上也存在许多问题。因此，在《国际中文教育中文水平等级标准》出台之后，我们就想着要编写一套适合全球中文学习者的国际中文分级读物，于是便有了这套《阅读中国·外教社中文分级系列读物》。

本套读物遵循母语为非中文者的中文习得基本规律，参考英语作为外语教学分级读物的编写理念和方法，设置鲜明的中国主题，采用适合外国读者阅读心理和阅读习惯的叙事话语方式，对标《国际中文教育中文水平等级标准》，是国内外第一套开放型、内容与语言兼顾、纸质和数字资源深度融合的国际中文教育分级系列读物。本套读物第一辑共 36 册，其中，一——六级每级各 5 册，七—九级共 6 册。

读万卷书，行万里路，这是两种认识世界的方法。现在，中国人去看世界，外国人来看中国，已成为一种全球景观。中国历史源远流长，中国文化丰富多彩，中国式现代化不断推进和拓展，确实值得来看看。如果你在学中文，对中国文化感兴趣，推荐你看看这套《阅读中国·外教社中文分级系列读物》。它不仅能帮助你更好地学习中文，也有助于你了解一个立体、真实、鲜活的中国。

程爱民

2023 年 5 月

目　录

《赵氏孤儿》：一人的生命值得用很多人的生命来换吗？

 他成了孤儿

故事发生在2600年前的晋国。

当时的国王是晋灵公（Jīn Línggōng），手下有一千多名官员，其中有两人和晋灵公关系最密切，一个是赵盾（Zhào Dùn），另一个是屠岸贾（Tú'àn Gǔ）。晋灵公当上国王时年纪还小，赵盾会指出他的问题，告诉他管理国家的道理。赵盾为了晋国的政治和外交努力工作，而屠岸贾为了自己得到好处，只说国王喜欢听的话，只做国王喜欢做的事。

对于屠岸贾来说，赵盾是个大麻烦，影响了他地位的上升。他想了很多办法，要让赵盾从这个世界上消失。他先是找来一名大力士，让他去杀赵盾。夜里，这名大力士来到赵家的院子，看到赵盾还在工作，很是感动。他知道赵盾对于国家很重要，但又不能不听命令，心里非常痛苦矛盾，最后选择撞树而死。

屠岸贾又训练了一只猎犬。他命令手下做了一个草人，穿上和赵盾一样的衣服，里面放上羊肉，让饿了三天的猎犬来吃。训练完成后，他告诉晋灵公，这是一只神奇的狗，能认出国王身边的坏人。晋灵公很高兴，让屠岸贾放出猎犬。猎犬放出后，就追着赵盾咬。这时，一位同情赵盾的大将军跑了过来，打死了猎犬。

赵盾逃出门来，跳上自己的马车。没想到的是，拉车的四匹马少了两匹，马车的两个轮子也被拆掉了一个。这时，一名得到过赵盾帮助的壮士出现了，他一只手扶着轮子，另一只手驾驶着马车，飞一样地带着赵盾逃走了。

有句话说，人不想伤害虎，可虎却要伤害人。幸运没能一直跟着赵盾。晋灵公相信了屠岸贾的话，下命令杀掉赵盾全家。有了国王的命令，屠岸贾就更不用担心什么了。赵盾家男女老少三百多口，就这样死在了屠岸贾的刀下。

赵家的成员还剩下最后一人，那就是赵 朔。他是赵盾的儿子，是晋国的驸马，也是妻子肚子里小生命的父亲。他的妻子是晋国公主，他和妻子住在驸马府里。有时候，他会抱一点希望，希望驸马的身份能让他逃过灾难；但更多的时候，他也在做着准备，准备接受即将到来的可怕命运。

"公主啊，如果我们的孩子是个男孩，我给他起一个小名，叫'赵氏孤儿'，请你保护他长大，让他记住自己的姓，记住赵家的仇恨！"

这一天还是来了，屠岸贾假传国王的命令，让人带去了弓箭、毒酒和短刀。赵朔一看就明白了，他可以在其中选择一种死的方式。他拿起短刀，也许这是最痛快的了。他对妻子说："公主啊，别忘了我跟你说过的话！"

赵朔死后，公主被关在府里，不能出去。经过痛苦的等待，小生命终于来到了这个世界，是个儿子。公主流下了眼泪："我的宝贝啊，出生前就没了父亲，你未来的路在哪里？那些人会让你活着吗？我又该如何把你养大？"

本级词：

杀 shā | to kill

命令 mìnglìng | to order, to command

矛盾 máodùn | conflicting

撞 zhuàng | to hit

神奇 shénqí | magic

咬 yǎo | to bite

逃 táo | to escape

匹 pǐ | (a measure word for horses)

拆 chāi | to split

扶 fú | to support with hand

驾驶 jiàshǐ | to drive

虎 hǔ | tiger

剩下 shèngxià | to remain, to be left (over)

灾难 zāinàn | disaster

到来 dàolái | to arrive

超纲词：

孤儿 gū'ér | orphan
国王 guówáng | king
手下 shǒuxià | under the leadership of, henchmen
官员 guānyuán | official
另 lìng | another, other
大力士 dàlìshì | man of unusual strength
猎犬 lièquǎn | hound
将军 jiāngjūn | general

马车 mǎchē | carriage
壮士 zhuàngshì | strong man
驸马 fùmǎ | emperor's son-in-law
公主 gōngzhǔ | princess
府 fǔ | palace, mansion
仇恨 chóuhèn | enmity, hostility
弓箭 gōngjiàn | bow and arrow
毒 dú | poison

练 习

1. "人不想伤害虎，可虎却要伤害人。" 这里的 "人" 和 "虎" 分别指谁？

2. 赵朔是谁？

    A. 赵盾的儿子　　　B. 晋国的驸马　　　C. 赵氏孤儿的父亲　　　D. 以上都是

3. 请按时间顺序排列以下事件。

    ①猎犬追着赵盾咬。　　　　　　　②赵朔告别妻子。
    ③大力士撞树而死。　　　　　　　④壮士救赵盾。

二　药箱里的秘密

秋夜的雨声敲打着年轻母亲的心，就好像人间所有的愁和苦，都集中在她一人身上。她很清楚，想让孤儿活，只有一个办法：送出府去。但是，谁可以信任？谁能把孤儿带出去？

屠岸贾派人守在门外，不查进来的，只查出去的。很少有人上门来，人们带着害怕和同情，躲得远远的。只有一个名叫程婴的乡村医生，会带着药和食物来看望母子俩。他以前受过赵家的帮助，没做过官，也不是家属。能不能把孤儿交给程婴？公主不敢肯定，但时间不等人，今晚程婴来，她要做最后的打算。

等待的时间是那么的长，程婴终于背着药箱赶到。公主抱起孤儿，走上前去，对程婴说："你是赵家的熟人，赵家对你怎么样，你是知道的，请你带走赵氏孤儿，为赵家留一个后人吧。"程婴很是为难："公主啊，你不知道，屠岸贾已经下了命令，如果有人藏孤儿，全家都要被杀呀！"公主向程婴跪下，双手举起孤儿，哭着说："程婴啊，赵家三百口，都在这孩子身上！"程婴还是犹豫："公主请起来，我如果藏了孤儿，屠岸贾问起你来，你说给了程婴，那我一家和孤儿都活不了啊！"公主沉默了一会儿，坚定地说："程婴，我让你去得放心，你带走孤儿，我也不独自活着，我已决定去找我死去的丈夫！"公主把孤儿交给程婴，用已经准备好的一条长布结束了自己的生命。死，是她能为儿子做的最后一件事。

程婴很是难过，却也没有办法。他抱起孤儿，心想："也许这孩子有福，老天会帮我们！"他小心地把孤儿放入药箱，上面盖一些药，然后抱起药箱，走出门去。

今晚守门的是韩厥，程婴曾见过一次，也曾听驸马说起过，知道他是一位正直的将军。程婴定了定心，走上前去。韩厥问："你是什么人？来做什么？"程婴说："我是来给公主送药的。"韩厥又问："你这箱子里是药吗？都是些什么药？"程婴回答："都是常用的药，甘草、薄荷什么的。"韩厥看了看药箱，问：“里面还有什么？”程婴说：“没别的了。”韩厥说：“好，你走吧。”

可程婴没走多远，韩厥又把他叫回，说道：“让你走时，你跑得飞快；叫你回时，脚却像有千斤重。”他让身边的士兵到另一边去等着，然后低声对程婴说：“你受过赵家的恩吧？”程婴说：“受了恩知道回报，这不是应该的吗？”韩厥打开箱子，向里面看了看，说道：“你说是甘草、薄荷，可是我找出人参来了！”程婴慌了，说道：“韩将军！赵家只剩下这最后的小孤儿，你不帮他，反而要害他吗？”韩厥说：“把孤儿交给屠岸贾，可以得到钱和好处，但我韩厥不是那样的人！我可以放你走。”

程婴抱着药箱，站住不动。韩厥说：“你怎么不走？”程婴说：“韩将军，我如果这样出去，你报告给屠岸贾，那我和孤儿都活不了。你还是现在就把我们交给屠岸贾吧，让我和孤儿死在一起！”

韩厥拔出长剑，说道：“我和屠岸贾不一样，我怎么能用孤儿来换自己的好处！你有忠，我也有义。你为了保护孤儿，可以不顾自己，我也愿意为孤儿死！等孤儿长大，让他别忘了我这个叫韩厥的将军！”说完，他举起长剑，刺向了自己。

程婴来不及多想，抱紧药箱，消失在雨夜中。

屠岸贾得到消息时，赵氏孤儿已不知去了哪里。屠岸贾气坏了，他命令找出晋国内半岁以下、一月以上的所有婴儿，他要一个一个都杀死，如果有人不听命令，那么全家都别想活。

晋国的天空满是阴云，灾难就要落向更多的家庭。

本级词：

声 shēng | sound

敲 qiāo | to knock

人间 rénjiān | human world

愁 chóu | sorrow

躲 duǒ | to hide, to avoid

乡村 xiāngcūn | country, village

肯定 kěndìng | to affirm, sure

为难 wéinán | to feel difficult

双手 shuāngshǒu | both hands

犹豫 yóuyù | to hesitate

坚定 jiāndìng | firm, firmly

回报 huíbào | to pay back

慌 huāng | to be scared

害 hài | to do harm to

不顾 búgù | regardless of

超纲词：

后人 hòurén | descendants

藏 cáng | to hide

跪 guì | to kneel

正直 zhèngzhí | honest, upright

甘草 gāncǎo | licorice

薄荷 bòhe | mint

恩 ēn | kindness, favor

人参 rénshēn | ginseng

剑 jiàn | sword

忠 zhōng | loyal, loyalty

义 yì | righteous, justice

婴儿 yīng'ér | infant, baby

练 习

1. 程婴是什么人？

   A. 晋国的官员　　　　B. 赵家的家属　　　C. 乡村医生　　　　D. 公主的老师

2. 韩厥说："你有忠，我也有义。"请说说你对"忠"和"义"的理解。

3. 本文中，公主和韩厥为了保护赵氏孤儿而献出生命。你认同他们的做法吗？说
   说你的看法。

三　他的两个名字：程勃和屠成

程婴听说屠岸贾要杀掉全国的婴儿，心里十分着急。他想来想去，终于知道要怎么做了——他需要一个人的帮助。这个人住在太平庄，名叫公孙杵臼。他曾做过官，跟孤儿的爷爷赵盾政治主张接近，两人关系很好，彼此尊敬。但后来公孙杵臼对晋国的现实越来越失望，就辞职回老家种田，远离了政治。

程婴带着赵氏孤儿来到太平庄，把事情的经过告诉了公孙杵臼。老人听后又生气又吃惊又难过，他问程婴："这可怎么办才好？"程婴说："我有个办法，也许可以救孤儿，也可以救晋国的婴儿，但需要您的配合。"公孙杵臼说："快请讲！只要我能做到，我一定去做。"程婴说："我的儿子出生还不到一个月，

我用他来换孤儿。您去报告屠岸贾，说程婴藏了孤儿，让我们父子俩死在一起。您把赵氏孤儿养大，让他为赵家报仇。"公孙杵臼说："我已经七十岁了，恐怕等不到孤儿长大，而你才四十五岁。不如你去报告屠岸贾，说公孙杵臼藏了孤儿，让我和你家孩儿死在一起！"程婴说："我怎能让您送上自己的性命！"公孙杵臼说："你舍得拿自己的孩子换孤儿，而我已是快死的人，早死几天又有什么关系？就当人生是一场梦吧！我主意已定，不用再多说！"

程婴把赵氏孤儿带回家，把自家的孩子送到太平庄，然后去报告屠岸贾。

屠岸贾问程婴："你跟公孙杵臼没什么仇恨，为什么这么做？"程婴说："我

是为我自己，也是为晋国的婴儿。我今年四十五岁，刚生了一个儿子，还没满一个月，我不想失去他，等我老了，还要靠他呢。"

屠岸贾很高兴，领着程婴，带兵赶到太平庄，抓住公孙杵臼，让他交出赵氏孤儿。公孙杵臼不说孤儿藏在哪里，只大骂程婴和屠岸贾。屠岸贾说："程婴，他不讲，你就给我打！"程婴说："我只会给人看些小病，不会打人啊。"屠岸贾说："你这是同情他吗？"程婴忙说："不同情，我打！"程婴拿了棒，做出使劲打的样子。公孙杵臼"哎哟哎哟"地叫着，说道："好你个程婴！好你个屠岸贾！打得我皮肉烂，痛得我咬断牙，我死了变成鬼，也不会放过你们！"

这时，屠岸贾的手下报告说搜出了婴儿。屠岸贾很得意，让手下把婴儿放到跟前，说道："公孙杵臼，你果然藏了赵氏孤儿！我今天杀了他，赵家就不会有后人了！"说完，抽出长剑向婴儿刺去。这剑就好像刺在程婴的心上，痛得他无法呼吸，而他不能哭叫，也不敢流泪。

公孙杵臼看在眼里，大声说道："屠岸贾！你还是人吗？我这七十岁的老头死了就算了，可这不满一岁的孩儿有什么错！上天不会原谅你！还有你这程婴！我要告诉你，今天我和孩儿死在一起，人间会留下我的美名。你虽然比我死得晚，但别忘了，时间过得快！赵朔和孩儿的仇，一定有报的那一天！"说完，朝门口的石阶撞去。

屠岸贾对程婴说："既然公孙杵臼已死，这事就算了。你帮了我这么大的忙，我要好好感谢你。不如就让你的儿子当我的义子吧，你教他文化，我教他武术，我会让他得到金钱和地位。"程婴忍着泪点头答应。

就这样，赵氏孤儿有了两个名字。作为程婴的儿子，他叫 程 勃（Chéng Bó）；作为屠岸贾的义子，他叫 屠 成（Tú Chéng）。他现在还不可能知道，自己人生最初的这些经历。

本级词:

彼此 bǐcǐ | each other

尊敬 zūnjìng | to respect

辞职 cízhí | to resign

舍得 shěde | to be willing to part with

骂 mà | to abuse, to curse

棒 bàng | stick

烂 làn | torn to pieces

鬼 guǐ | ghost

搜 sōu | to search

跟前 gēnqián | in front of

忍 rěn | to endure, to tolerate

超纲词:

种田 zhòngtián | to do farming

报仇 bàochóu | to take revenge on

性命 xìngmìng | life

哎哟 āiyō | oh, ouch

放过 fàngguò | to let off

算了 suànle | Forget it.

原谅 yuánliàng | to forgive

石阶 shíjiē | stone steps

义子 yìzǐ | foster son

练 习

1. 程婴和公孙杵臼的计划是什么?

2. 程婴怎样让屠岸贾相信了他?

3. 公孙杵臼在屠岸贾面前对程婴说的话是什么意思? 你怎样理解?

四　他本来的名字：赵武

时光像水一样流走了，老国王去世了，新国王是晋悼公（Jìn Dàogōng）。

程勃也长大了。就像周围的年轻人一样，他对这个世界有着自己的思考和想法。他虽然吃穿不愁，但有些疑问却始终找不到答案。父亲程婴是一个有学问、有爱心的人，教给他正直、善良和勇敢。但这样的父亲为什么要和屠岸贾走那么近？为什么有人说他"出卖朋友"、说他是"不义的人"？为什么父亲写了诗、画了画却从来不给人看？为什么他总像是有一肚子的心事？……许许多多的为什么，终于在程勃二十岁时有了答案。

看着面前已成为一名年轻军官的程勃，程婴决定把一切都告诉他。但话还没有说出口，程婴的眼泪就流了下来，他把自己的画一幅一幅地展示给程勃。

"这穿紫衣的，是晋国的一位好官，但这穿红衣的，却要害他。这穿红衣的派了杀手，又训练了猎犬，都没成功。这杀手是锄麑（Chú Ní），不忍杀这穿紫衣的，自己撞死在树下。这打死猎犬的英雄是提弥明（Tí Míming），他是晋国的大将军。这扶着马车飞跑的是灵辄（Líng Zhé），他曾饿倒在地上，也不偷别人的东西，是这穿紫衣的把自己的酒和食物留给了他……

"孩子，这穿紫衣的是赵盾，是晋国的总理，你应该听说过他的故事。而这穿红衣的，你很熟悉，他，就是屠岸贾，杀了赵盾家三百多口。这拿着短刀自杀的，是赵盾的儿子——驸马赵朔。这放在药箱里的婴儿，是赵朔死后才出生的孤儿。这用一条长布结束自己生命的，是赵朔的妻子、晋国的公主、孤儿的母亲。这抱着药箱出门的，叫程婴。

"孩子，我知道你想问什么，世上同名同姓的很多，这是另一个程婴。为让程婴带走孤儿，守门的韩厥将军拔剑自杀。屠岸贾要杀全国的婴儿！这正在跟程婴商量办法的，是赵盾的老友公孙杵臼。程婴用自己的儿子换了孤儿，和公孙杵臼一起，在屠岸贾面前演了一场戏，戏是假的，生和死却是真的。公孙杵臼成了藏孤儿的人，而程婴成了出卖朋友的人，公孙老人和程婴的儿子死在了一起。

"程婴背着出卖朋友的骂名，把孤儿养大，如今这孤儿已到了二十岁。孩子，你可知道，这赵氏孤儿不是别人，就是你啊！"

　　程勃的心久久不能平静，眼泪模糊了他的双眼，他向程婴深深地拜了下去。

　　也就是在程勃二十岁这一年，晋悼公叫回了守边境多年的大将军魏绛^{Wèi Jiàng}，想要除掉屠岸贾这个危险的人。程勃在晋悼公和魏绛的支持下，带着士兵抓住了屠岸贾，亲手杀死了这个赵家的仇人、晋国的恶人。

　　程勃改回了他本来的名字"赵武"，继承了赵家的官位，像他的爷爷和父亲那样，为国家做事。而赵氏孤儿的故事，也开始在世上流传，一直到今天。

本级词：

时光 shíguāng | time	自杀 zìshā | (to commit) suicide
幅 fú | (a measure word for pictures)	戏 xì | drama
展示 zhǎnshì | to show	模糊 móhu | to dim
紫 zǐ | purple	边境 biānjìng | border
偷 tōu | to steal	继承 jìchéng | to inherit
熟悉 shúxī | to be familiar with	

超纲词：

出卖 chūmài | to sell	英雄 yīngxióng | hero
心事 xīnshì | something on one's mind	世上 shìshàng | in the world
军官 jūnguān | officer	拜 bài | to make obeisance
杀手 shāshǒu | killer	恶 è | evil, fierce

练 习

1. <u>程婴</u>为什么对<u>程勃</u>说"世上同名同姓的很多，这是另一个<u>程婴</u>"？

2. <u>程婴</u>用什么方式让<u>程勃</u>知道自己是<u>赵氏</u>孤儿？

3. 读了故事，你该如何回答文中一开始<u>程勃</u>的四个疑问？

第二章 《汉宫秋》：美人能换来和平吗？

 一 **毛延寿的工作**

汉元帝^{Hàn Yuándì}是汉朝的第十个皇帝，他的国家扩大到四百个州，和周围的国家也早已签订好了和平协议，用他的话来说，就是"四海平安，八方宁静"。但也有让他感到不满意的地方。他的父亲汉宣帝^{Hàn Xuāndì}去世后，宫女都被放了出去，高大的皇宫中十分冷清。怎样才能在工作后放松一下，让自己多些欢乐和活力呢？他手下有个叫毛延寿^{Máo Yánshòu}的人对他说：

"种田的老农民如果多收了点儿粮食，都想要换个老婆；您的地位这么高，您的国家这么大，为什么不派个手下人帮您跑一跑，在全国范围内寻找美女呢？不管身份高低，也不管是军人家庭还是普通老百姓，只要年纪在十五到二十岁之间，长得漂亮，就选进皇宫来，有什么不可以的呢？"

汉元帝听了很高兴，他说："你说得对，就派你当'选择使'吧。带着我的命令，到全国各地挑选，每一名选上的都画一幅画像，送到我这里来，方便我找她们。等你完成任务，我自然会好好感谢你。"

毛延寿得到了这份工作，开心得要飞起来：这是多好的一个机会啊，简直就像是把钱往他的手里送一样。钱这个东西真是太重要了，他的人生信念是：大块黄金随便抓，任何法律都不怕，活着只要有钱拿，哪管死后被人骂。

很多人家不愿意让自己的女儿选进皇宫，可以，给钱就不选你；也有愿意进宫的，可以，给钱就选你；还有想要皇帝多关注的，也可以，给钱就把你画得更好看……就这样，美女越选越多，"选择使"毛延寿的钱袋也越来越重。他已经选了九十九名，再选一名，任务就完成了。回去后，他还可以从汉元帝那里再领上一份奖金。

这天，毛延寿来到了秭归县（Zǐguī），见到了姓王的一户农家的大女儿，她名叫王昭君（Wáng Zhāojūn），刚满十八岁，长得十分艳丽，比他之前选出的所有美女都要漂亮。他问王家要一百两黄金，说可以把他们的女儿选为第一。但王家没有答应他的要求，一是因为家里穷，二是因为女儿确实太美丽。毛延寿想："那就不选他家女儿了。"但又一想："这不是合了他们的意吗？"于是，他在画像上加了一笔，美人的眼睛看上去就有点斜了。他很得意："谁让你们舍不得钱！这下王美人到了首都也别想见到皇帝了，让她一生受苦吧。"

就这样，来自全国的一百名美女被送到了首都长安，一百幅美人画像也交到了汉元帝手中。他无事时会拿出画像展开来看，觉得哪一个漂亮，就叫哪一个来陪他。他也看过王昭君的画像，但每次都因为画中人的眼睛比较奇怪，就放了回去。这么多的美人，哪一个不想得到皇帝的喜爱？又有谁会去向汉元帝报告说王昭君比自己漂亮呢？

时间好像流水一样，过了一年又一年。王昭君在长安住了十年，也没见过皇帝一面。高高的墙，隔断了亲人的消息；漫长的夜，心事也不知向谁去说。心情不好的时候，她常常拿起琵琶，弹上几支曲子，让好听的音乐带走她的悲伤。

本级词：

签订 qiāndìng | to sign (an agreement, etc.)

协议 xiéyì | agreement

高大 gāodà | tall and big

活力 huólì | vitality

军人 jūnrén | soldier

信念 xìnniàn | belief, faith

斜 xié | oblique, slanting

舍不得 shěbude | to grudge, to be reluctant

陪 péi | to accompany

漫长 màncháng | endless

弹 tán | to play

悲伤 bēishāng | sadness

超纲词：

美人 měirén | beauty

皇帝 huángdì | emperor

州 zhōu | state

宫女 gōngnǚ | court lady, palace maid

皇宫 huánggōng | imperial palace

艳丽 yànlì | beautiful, gorgeous

受苦 shòukǔ | to suffer

流水 liúshuǐ | flowing water

琵琶 pípa | pipa (a plucked string instrument)

曲子 qǔzi | melody

练 习

1. 毛延寿最喜欢什么？

    A. 金钱　　　　　B. 美女　　　　　C. 工作　　　　　D. 旅游

2. 选美女有什么限制？请选出正确的一条。

    A. 只选富人家的女儿　　　　　B. 只选军人家庭的女儿

    C. 只选十五到二十岁的漂亮女子　　　　　D. 只选家中的大女儿

3. 请根据故事内容，说说"选择使"是怎样的工作。

二　王昭君究竟有多美？

这一天，汉元帝忙完工作，心情不错，想到宫女中有很多还没见过他面的，心里一定怪他，就决定亲自去她们那里走走，也许会有一个幸运的女子，能得到他的慰问与关心。

月光明亮，清风阵阵，汉元帝的马车一路行驶，压过路上的青草与香花，这是一条不曾走过的路。远远地传来琵琶的声音，好像充满着思念与期待。是谁在弹琵琶呢？他很想见一见，就叫来手下："去通知一下她，不要说是我的命令，太突然了会让她吃惊和害怕。就说是我来看她，请她迎接一下，千万不要吓到她。"

当汉元帝见到王昭君时，他没想到，吃惊的人竟然是他自己。

"多么艳丽的女子啊！请问你是哪一位？为什么以前从来没见过？"

也许是被这见面的时刻感动了，旁边的灯火激动得发出噼噼啪啪的声音。

汉元帝让手下把灯举高，他要好好看看眼前的美人。她的两条眉是山的颜色，黑色的头发高高堆起，腰身像柳叶一样细，脸上的皮肤好像阳光下的薄云，笑起来的样子就像春风吹过，什么语言都无法形容她的美丽。

汉元帝觉得自己浪费了十年时间，美人就在他的皇宫中，为什么却一直都没发现？王昭君说："当初，选择使毛延寿问我家要钱，我家里穷，没钱给他，他一定是在画像上做了什么。"汉元帝忙叫人取来画像，一看果然发现了问题。他十分生气："去把毛延寿抓来！"他下完命令，又对王昭君说："农家的苦我知道，我会好好照顾你的父母，减轻他们的负担，让他们不再为生活担心。"

夜已深，这真是一个浪漫又惊喜的夜晚。

汉元帝要回自己的皇宫了，他对王昭君说："来这儿的路我已熟悉，明晚我再来时，你一定要悄悄迎接，别让其他宫女知道。如果她们学了你的样子，个个都弹起琵琶来，那可怎么办才好？"

毛延寿得到汉元帝要抓他的消息，带着他的金银和宝贝，逃出长安，一路向北，赶了好多天的路，见到了呼韩耶单于。他说自己是汉朝的官员，并把准备好的美人画像献给呼韩耶单于。他说：

"我这里有一幅汉朝美人图，图中的美人叫王昭君，是所有宫女中长得最漂亮的。我知道前些日子您派了使者去长安，向公主求婚，可是汉元帝说公主年纪还小，没有同意。那时，王美人主动提出，愿意代替公主来您这里，但汉元帝舍不得，不愿意放她。我劝了他好多次，不能因为一个女人而影响了两国的友好关系，可汉元帝不仅不听，反而要杀我。我只好带了这美人图献给大王，您可以派使者拿着图去要，凭大王您的能力，不可能要不到。"

呼韩耶单于接过画像一看，立刻被画中的女子深深吸引，他说：

"世上哪有如此美丽的女人！如果能够得到她，让她做我的夫人，那我的人生就完美了。我这就派了使者，拿着书信，去问他们要。我也正好借这个机会，到南边走一走、玩一玩，如果他们不同意，那就用刀枪来说话吧！"

本级词：

怪 guài | to blame	浪漫 làngmàn | romantic
慰问 wèiwèn | comfort	悄悄 qiāoqiāo | quietly
一路 yílù | all the way	献 xiàn | to present
行驶 xíngshǐ | (of vehicles, etc.) to go	劝 quàn | to persuade
吓 xià | to scare	凭 píng | to rely on
皮肤 pífū | skin	枪 qiāng | spear
减轻 jiǎnqīng | to alleviate, to reduce	

超纲词：

与 yǔ | and	惊喜 jīngxǐ | surprise
思念 sīniàn | to miss	夜晚 yèwǎn | night
噼噼啪啪 pīpī-pāpā | to make sputtering sounds	使者 shǐzhě | envoy, emissary
眉 méi | eyebrow	求婚 qiúhūn | to propose marriage
柳叶 liǔyè | willow leaf	

练 习

1. 汉元帝第一次见到王昭君时的心情是怎样的?

   A. 思念　　　　B. 悲伤　　　　C. 吃惊　　　　D. 生气

2. 文中怎样形容王昭君的美貌? 请选出正确的词语。

   双眉　　　　　　A. 好像阳光下的薄云

   头发　　　　　　B. 山的颜色

   腰身　　　　　　C. 高高堆起

   脸　　　　　　　D. 就像春风吹过

   笑　　　　　　　E. 像柳叶一样细

3. 请按时间顺序排列以下事件。

   ①汉元帝见到王昭君。

   ②毛延寿向呼韩耶单于献美人图。

   ③呼韩耶单于派使者向汉朝公主求婚。

   ④汉元帝下命令去抓毛延寿。

三　让大家害怕的呼韩耶单于

汉朝的第一位皇帝，也就是汉高祖，曾经被呼韩耶单于的祖上冒顿单于包围在白登山上，战斗打得十分激烈。后来两个国家谈判，才停止了战争。作为和平的保证，汉高祖把公主送给冒顿单于做妻子。这样的方式一直保持了下来，后来的每一位单于，都会得到一名汉朝公主做妻子。现在，呼韩耶单于的国家兵强马肥，他的财产和事业，就是弓箭与刀枪。不管是根据协议，还是凭借实力，他想要的女人，哪有要不到的道理！

呼韩耶单于的使者来到长安时已经是晚上，虽然过了工作时间，但五鹿充宗和石显两名官员非常重视，急忙来向汉元帝报告。

"呼韩耶单于派来了使者，说毛延寿献了美人图给他，他问您要美人图上画的昭君娘娘，来换国家的和平，不然他就会带着士兵南下，国家就危险了……"

汉元帝听了，就像一盆凉水从头上倒下，他指着五鹿充宗和石显说：

"你们这些人，拿了国家的钱，却不替国家出力。还有我养的军队，白养了那么多年，就不能保卫国家吗？都是些害怕刀枪的，一个个缩着脖子，只会把娘娘往外推！"

两名官员低着头，不知道该说什么。还是五鹿充宗犹犹豫豫地开了口：

"有人说，您整天和王昭君在一起，没工夫处理国事，坏了国家。我想啊，以前商代的纣王也是因为喜欢妲己，最后国家没了，自己的性命也没了，这是历史的教训啊……"

汉元帝更加生气了："你说我是纣王？我又没像纣王那样，把国家和人民的钱都花在妲己身上！你们怎么不说自己是商代的伊尹呢？他帮助汤王，作了那么多的贡献。你们又怎么不学学我们汉朝的张良呢？他帮助高祖，建立了一个国家！你们自己睡舒服的床，吃好吃的食物，骑高大的马，穿又轻又暖和的衣服，家里养着歌儿舞女，天天忙着享受，倒要让娘娘这么一个瘦弱的女子，抱着琵琶跑到那么寒冷的地方！你们怎么好意思呢？"

五鹿充宗小心地说："我们在军队上没有优势，缺少厉害的将军，万一有什么问题，可怎么办才好呢？希望您为国家考虑，放弃娘娘一人，保护国家和人民。"

汉元帝失望了，这些官员跟王昭君有什么仇？难道他们个个都变成了毛延寿吗？但他一点办法也没有，只好让石显请呼韩耶单于的使者进来。

见过使者，接过书信，汉元帝让手下安排使者住下，然后叫来所有官员开会商量。可是，这些官员一个个保持沉默，就像被弓箭射穿了脖子的大雁一样，发不出声音来。

这时，王昭君站了出来，她对汉元帝说："我既然得到了您的爱，就应当报答。我愿意去，一是可以避免战争，二是历史上也会留下我的名字。"

听王昭君这么说，汉元帝心里更加难过了，他再也控制不住自己的眼泪："从今天起，我也不需要你们这些官员了，只要安排一些美人，就可以保护国家了……"

五鹿充宗不顾汉元帝的心情，赶紧说："既然娘娘同意，就请您为国家考虑，早早地送娘娘去吧！"

汉元帝知道留不住王昭君，流着眼泪说："你们今天先把娘娘交给使者，我明天要到灞陵桥去送娘娘。"五鹿充宗连忙反对说："您不能去送，会让外国使者笑话的。"汉元帝急了："你们说的，我都同意了，为什么我的意思，你们不听？你们不要再劝，明天我一定要去送！"

Bàlíng Qiáo

21

本级词：

包围 bāowéi | to surround

盆 pén | basin, tub

舞 wǔ | to dance

享受 xiǎngshòu | to enjoy

瘦 shòu | thin

厉害 lìhài | powerful, formidable

放弃 fàngqì | to give up

报答 bàodá | to pay back

再也 zàiyě | (used in a negative sentence) anymore

控制 kòngzhì | to control

超纲词：

祖上 zǔshàng | ancestor

凭借 píngjiè | to rely on

娘娘 niángniang | empress or
    imperial concubine

军队 jūnduì | armed forces

缩 suō | to shrink

脖子 bózi | neck

贡献 gòngxiàn | contribution

大雁 dàyàn | wild goose

练 习

1. 汉高祖和冒顿单于签订了怎样的和平协议？

2. 对于呼韩耶单于的要求，汉元帝和他的官员们分别是什么态度？

3. 文中提到的纣王、伊尹、张良等历史人物是谁？请查一下，也许对你的理解会
   有帮助。

四　汉元帝成了天下最可怜的人

汉元帝领着他的官员，早早地来到了灞陵桥。当呼韩邪单于的使者带着王昭君出现在对面，这位皇帝又舍不得又难过，心中充满悲伤。

昨天的决定还有没有可能改变呢？他还想再试一试，他问官员们："谁有救娘娘的办法？如果能救娘娘，我一定重重地奖励！"可没有人回答。

他又说："老百姓有'摇装'的风俗，亲人或好友如果坐船去外地，上船后坐一会儿就要下来，另选日期再出发，那我们可不可以也'摇装'一下？"还是没有人回答。

他只能下了马，对旁边的乐队说："音乐的节奏可不可以慢一些，不好听也没关系，时间越长越好，让我和昭君娘娘好好告别。"可是使者却说："请娘娘早点儿出发吧，时间已经晚了。"

王昭君脱掉身上的汉服，换上使者准备的衣服。汉元帝难受极了。几天前，她还穿着这身衣服在自己面前唱歌跳舞，而现在，阵阵西风吹散了衣服上的香气。回去以后，让他再往哪里去寻找这曾经的美丽与爱情？

旁边的使者已经等得不耐烦了："娘娘，出发吧！"身后的五鹿充宗也说："就送到这里，我们回去吧。"

泪眼模糊中，汉元帝看着王昭君远去。耳边传来大雁的叫声，大雁排成队向南飞去，而王昭君的车却向北越走越远。

不知走了多少路，过了多少河，王昭君见到了亲自来迎接她的呼韩邪单于。

王昭君问："这是到哪里了？"使者说："到黑江了，这里是两个国家的交界，南边属于汉家，北边属于我们单于。"王昭君对呼韩邪单于说："大王，我要问您借一杯酒，告别了故乡的土地，就可以随您北去了。"呼韩邪单于把酒递给了王昭君。她向南方洒酒，接着就跳入了江中。水大风急，呼韩邪单于来不及救，伤心地说："可惜，可惜！原来昭君并不愿意来我的国家啊！你们找到她后，把她安葬在江边，这里草木青青，就称为'青冢^{Qīng Zhǒng}'吧。"

王昭君死后，呼韩耶单于久久放心不下，他想："美人已死，不能跟汉朝结下仇恨，而这一切都是因为毛延寿这个讨厌的人，不如抓住毛延寿送回汉朝，让他们处罚，自己就可以仍旧与汉朝保持友好了。"于是，他命令手下抓住毛延寿，准备送回汉朝。

而汉元帝这边，自从送走了王昭君，他连着一百多天都没有心情处理国事，也不想看到他的那些官员；茶和饭都没了味道，音乐和歌舞也失去了吸引力。

一天，汉元帝坐在王昭君的画像前，不知怎么睡着了。突然，王昭君跑了进来，说："我回来了，我一个人偷偷从单于那儿逃回来了！"而她的身后，跟着一群单于的士兵，他们跑过来，抓住了王昭君。汉元帝一下子惊醒了，他望了望周围，哪里有王昭君的影子？

这时，五鹿充宗进来报告说："呼韩耶单于派了使者，把毛延寿交回来了，还传达了呼韩耶单于的意思，说昭君已死，希望两国友好，现正在外面等候您的回答。"汉元帝听了，沉默了好一会儿，然后说："既然这样，就把毛延寿杀了，来纪念昭君娘娘。让光禄寺准备酒菜，接待使者吧。"
Guānglù Sì

两个国家的关系好像又回到了从前友好的时候。但每年黄叶落下、大雁南飞时，汉元帝就睡不好觉，那千里外的青冢，会常常出现在他的梦中。

摇装 yáo zhuāng
| 中国古代习俗，有人要远行，选择吉日出门，亲友在江边饯行，上船后坐一会儿就下来，再另选日期出发。

本级词：

可怜 kělián | poor, pitiful

奖励 jiǎnglì | to reward

不耐烦 búnàifán | impatient

递 dì | to give, to hand over

洒 sǎ | to spill

可惜 kěxī | what a pity

青 qīng | green

讨厌 tǎoyàn | disgusting

处罚 chǔfá | to punish

仍旧 réngjiù | still

偷偷 tōutōu | secretly

一下子 yíxiàzi | all of a sudden

传达 chuándá | to convey

等候 děnghòu | to wait for

超纲词：

天下 tiānxià | the world

节奏 jiézòu | rhythm

交界 jiāojiè | border

安葬 ānzàng | to bury

惊醒 jīngxǐng | to awaken

望 wàng | to look into the distance

练 习

1. 汉元帝送王昭君是在什么季节？

   A. 春　　　　　B. 夏　　　　　C. 秋　　　　　D. 冬

2. 对于王昭君的死，汉元帝和呼韩耶单于分别是什么心情？

3. 王昭君的做法，对维护汉朝和匈奴（呼韩耶单于的国家）的和平起到作用了吗？说说你的看法。

第三章 《单刀会》：中国人为什么喜欢关羽？

一　乔公的意见

　　乔 公 接到鲁肃的邀请，说有重要的事跟他商量。究竟是什么事呢？作为东吴的老者，乔公大概猜到了一些。当年刘备力量还不强时，问东吴借了荆州，作为站脚的地方；刘备收了四川后，就派关 羽守在荆州，到现在都没有还的意思。鲁肃一直在寻找机会，想要回荆州，今天叫他去，一定是为了这件事情。

　　乔公本来是汉朝的官员，汉朝皇帝无力控制国家，大大小小的战争不停。打来打去，最后剩下孙权、刘备、曹操，天下分成了三块。风雨停歇，河海平静，武器改成了工具，农民回到了土地。才刚刚稳定下来，难道现在为了荆州，又要闹得天下大乱吗？

　　见了面，鲁肃问的果然是荆州。乔公说："这荆州不能要啊，他们家那么多兄弟不会答应的。"鲁肃说："他们兄弟虽然多，但军队规模不大。"

　　"可别这么讲，"乔公说，"'博望之战'你知道吗？是他们，让曹操的夏侯惇损失了十万士兵。后来的'赤壁之战'，诸葛亮出了主意，孙、刘联合，打败了曹操。那真是一场激烈的战斗啊，烧得弓箭像枯芦苇，烧得刀枪像烂柴草，可怜曹操的百万兵马，七成烧死，三成淹死，难逃水火！真是上天帮忙，不然我们吴国早就属于曹操了。现在三国才刚刚稳定，不要因为走错一步而步步都走错啊。"

鲁肃说："那都是过去的事了，现在关羽年纪大了，虽然勇敢却没有能力了。"乔公说："你不要觉得关羽年纪老，他杀了文丑，杀了颜良，他一个人、一匹马、一把刀，飞一样地深入敌人的军队，轻轻松松就取了他们的人头。"鲁肃说："他不会杀我，我对刘备有恩，是我劝主公跟刘备合作，也是我劝主公把荆州借给他们。"乔公说："那时候，你们都觉得对方有用，脸上装出笑的表情，可心里却藏着刀呢。你是不知道关羽的厉害吧！"

"你见过骑在马上的关羽吗？"乔公说，"他长长的胡子在风中飘，他高大的身体在马上摇，敌人一见他，就好像见了天上的神一样，吓得全身没了力气。你要是想挑战他，就得多披几套甲，多穿几层衣。哪怕有百万军队，也挡不住他的千里追风马；哪怕有一千名将军，也逃不过他的青龙偃月刀。"

鲁肃说："我有三个好计划，可以把荆州要回来。"乔公问："哪三个计划？"鲁肃说："第一个计划——准备酒菜请关羽过江来，就说是为了庆祝他打败曹操，为蜀国作了大贡献，喝酒吃菜时礼貌地问他要。他如果还，当然最好，如果不还，还有第二个计划——把江上的船都收起来，不放关羽回去。最好他还，如果他还是不愿意还，那么就采用第三个计划——让士兵作好准备，等关羽喝醉后，把他抓起来。刘备舍不得关羽，还了荆州，就放关羽回四川，如果不还，就带着东吴大军夺回荆州。"

乔公摇着头说："别说三个计划，就是一千个也没用。当年曹操追到灞陵桥，关羽停下他的千里追风马，轻挥他的青龙偃月刀，曹操想了千种办法，也没能留住他。关羽说，'曹大人不要怪我，我不下马了。'然后用刀尖挑起曹操送的新衣，披在身上，头也不回地离开，开始他过五关斩六将的千里长路！你的计划，比得了当年的曹操吗？"

本级词：

邀请 yāoqǐng | invitation

猜 cāi | to guess

当年 dāngnián | in those days

不停 bùtíng | without stop

分成 fēnchéng | to divide into

歇 xiē | to stop, to rest

损失 sǔnshī | to lose

胡子 húzi | beard

神 shén | god

披 pī | to wrap around

甲 jiǎ | armor

挡 dǎng | to keep off, to block

醉 zuì | drunk

超纲词：

枯 kū | withered

芦苇 lúwěi | reed

柴草 cháicǎo | firewood

淹 yān | to flood, to drown

主公 zhǔgōng | My Lord

飘 piāo | to wave to and fro

夺 duó | to take by force

挥 huī | to wield

挑 tiǎo | to lift up

过五关斩六将 guò wǔ guān zhǎn liù jiàng | to break through five passes and slay six captains

练 习

1. 请把故事里出现的人名分别归入魏、蜀、吴三国中。

   乔公　鲁肃　关羽　孙权　刘备　曹操　夏侯惇　诸葛亮

魏（曹魏）	蜀（蜀汉）	吴（东吴）

2. 鲁肃想要回荆州，乔公认为不可，下面哪一条不是乔公的理由？

   A. 刘备的兄弟不会答应。

   B. 可能引起天下大乱。

   C. 关羽非常厉害。

   D. 曹操要为"赤壁之战"报仇。

3. 你了解三国历史吗？文中提到了"过五关斩六将""赤壁之战""刘备借荆州"等事件，请查一下资料，了解相关背景，并将你的发现与同学们分享。

三　司马徽的回答

乔公的意见没能让鲁肃放弃自己的计划。鲁肃又想到一个人，这个人是个道士，叫司马徽^{Sīmǎ Huī}。他帮助过刘备，也见过关羽。鲁肃想请他陪着，一起接待关羽，于是就去拜访他，并且问问他关羽的情况。

司马徽如今远离了政治，国家的大事小事都和他没有关系。他穿着又粗又旧的衣服，住着江边的草房子。闲时找村里的人聊聊天，或者见一见会写诗的朋友。鲜鱼、新酒是他的最爱，高兴起来，就一边拍手一边大声唱歌。喝醉了就呼呼大睡，也不管白天还是夜晚。

司马徽听到鲁肃说要请他去喝酒，很是高兴："我只是个闲道士，没什么大本领，鲁大人这么客气，多不好意思呀。除了我，鲁大人还请了谁呀？"

鲁肃说："没别的客人，只有先生的老朋友关羽。"

司马徽的表情马上变了："哎呀呀，我的关节病又发了，手脚痛得不能动，去不了去不了啊。"

鲁肃问："司马先生刚才那么快答应，为什么一说有关羽就拒绝我了呢？"

司马徽说："他一生气就会有人流血。你是为了东吴，我是为了酒菜，不管为什么，你我两个死了都留不下一个完整的身体啊。"

鲁肃说："你是客人，你怕什么？"

司马徽说："我虽然是客人，但也和你一样担心呀。你既然坚决要请关羽，必须照我说的做，如果你做不到，就不要请他。"

鲁肃说："请先生说，小官我听着。"

司马徽说："关羽下马时，你和我都得低着头弯着腰问候。"

"这个我能做到。"鲁肃说。

"你我要礼貌地劝酒，他要喝就喝，要吃就吃，他要你往东走你就往东走，他要你往西游你就往西游。最重要的是，他喝醉了，你我就得马上离开。"

鲁肃问："他喝醉了会怎样？"

司马徽说："他喝醉了酒，脾气就更不得了啦，你一定要紧紧闭着你的嘴，千万别提荆州的事。"

"如果我提了呢？"

"他要是听到你问他要荆州，他慢慢睁开他的眼，轻轻伸出他的手，紧紧皱着他的眉，呼呼喷着心中火；他如果走路不稳你就好好扶着，他如果举起宝剑你就准备好自己的头——哪里还管得了东吴的八十一座州啊！"

鲁肃说："先生不要想太多，关羽虽然勇敢，但头脑并不厉害。"

司马徽说："哎呀呀，还没等你东吴鲁大人开始行动，西蜀国诸葛亮先生就开了口，报告给那有德行的汉皇叔刘备。诸葛先生一弹琴就感动天地，一弹剑就吓坏鬼神，到那时就怕你急得不知怎么办才好啊。

"关羽还有四个兄弟，也不会放过你。黄^忠（Huáng Zhōng）十分厉害，赵云（Zhào Yún）聪明勇敢，马超（Mǎ Chāo）是个硬汉，还有那大力士张飞（Zhāng Fēi），虎牢关（Hǔláo Guān）传出了他的英雄名，当阳坂（Dāngyáng Bǎn）吓退了曹操的兵，他看一眼桥先断，他喊一声水倒流啊！

"不要说我没劝过你，我担心刀尖碰到伤了你的手，我担心树叶落下打破我的头。关羽千里长路找他的兄弟，一匹马一把刀守住九州。他轻轻地举起刀杀了车胄（Chē Zhòu），他生气地拔出剑刺了文丑，万人的军队中，颜良被斩了首，大将军蔡阳（Cài Yáng）被取了头。

"你如果还是不信你就试试看，到时候就知道我说的话句句都是真的了。"

本级词：

拜访 bàifǎng | to pay a visit

闲 xián | idle

拒绝 jùjué | to refuse

脾气 píqi | temper

紧紧 jǐnjǐn | closely, tightly

伸 shēn | to stretch

喷 pēn | to spurt, to spout

琴 qín | qin, a traditional plucked instrument

聪明 cōngmíng | intelligent

超纲词：

道士 dàoshi | Taoist priest

呼呼 hūhū | onomatopoeia of snoring

哎呀 āiyā | Ah! Oh, my!

关节 guānjié | joint

睁 zhēng | to open (eyes)

皱 zhòu | to wrinkle

德行 déxíng | virtue

斩 zhǎn | to cut

首 shǒu | head

练 习

1. 司马徽在东吴过着怎样的生活？

2. 鲁肃请司马徽去做什么？司马徽答应了吗？

3. 请把文中提到的蜀汉英雄们的名字和特点整理在下表中。

名字	特点
	有德行
诸葛亮	
黄忠	
	聪明勇敢
	硬汉
张飞	

三　关羽的决定

听了司马徽的回答，鲁肃不免感到害怕，但他还是相信自己的计划，就让黄文拿着书信到荆州去请关羽。

黄文见了关羽，就好像见了天神一样。他见到了关羽一尺八的胡子，红红的脸，还有他八十一斤重的青龙偃月刀。黄文觉得脖子里凉凉的，要是被这刀碰了，哪里还有性命！黄文暗暗为鲁肃感到担心。

送走黄文，关羽说："鲁肃请我喝酒，我就去一下吧。"

他的儿子关平说："鲁肃的酒可没那么好喝。"

关羽说："是啊，鲁肃的酒不一般，他的客厅中哪有什么好风光，他的杯子里哪有什么甜酒香，那不是接待客人的酒席，而是杀人的战场。但既然他这么礼貌地邀请，我就必须亲自去见见他。"

关平说："鲁肃主意多，军队的人马也多，而且这么宽的长江，我们怎么保证你的安全呢？"

"你们隔着江很难接近，"关羽说，"他那里偷偷地行动，我这里要紧紧地防，紧急时我要迅速伸出手来，拔出我腰中的长剑——我会让鲁肃客客气气送我到回来的船上。"

关平说："他那里肯定做好了战斗的准备。"

"大将军也要会用头脑，就像春秋战国时的孙武（Sūn Wǔ）和吴起（Wú Qǐ）一样。"关羽说，"我了解我的刀和马，不是我看不清形势去硬闯。他的士兵很勇敢，他的将军速度快，他有厚厚的甲和长长的枪，但我是三国英雄关云长，一到战场全身就充满力量。比起我带着侄子去见袁绍（Yuán Shào），比起我灞陵桥上见曹操，比起我襄阳（Xiāngyáng）城外遇蔡瑁（Cài Mào），比起我过五关斩六将、千里长路找我的兄弟，单刀会又算得了什么！"

他命令关平："给我准备好船，我带周仓去单刀会走一次。"一听带他去，周仓很是高兴，他说："哪怕鲁肃有一千条计划，怎能赢得了关大人的这口刀！"

关平让父亲小心，他和弟弟关兴负责安排军队去迎接。

关平对他的军队说："前军、中军、后军，听我的命令，马不要乱跑，鼓不要乱敲，人员保持安静，弓箭和刀剑都拿在手里，我们要过长江去，排列在汉阳两岸，水军不怕江中的浪，陆军不怕刺来的枪。关将军杀入单刀会，我们也要像英雄一样战一场！"

关羽的船顺着长江向东而去。他望着江水，想起从前。三十年前，三个年轻人在桃园结成了兄弟，范阳（Fànyáng）的刘备，涿县（Zhuōxiàn）的张飞，还有蒲州（Púzhōu）的他，不求同日生，只愿同日死，从此以后，"刘关张"就成了他们共同的名字。后来，南阳（Nányáng）的诸葛亮也加入了进来，这四方的英雄创造了蜀汉事业。长江，曾经多少次成为他们的战场，前后有无数的英雄，就像大江中的后浪推着前浪一样。现在，等在前面迎接他的，不是和平的歌舞场，而是危险的虎狼洞，这反而让他觉得，好像是要去参加一场热闹的大会一样。

船经过赤壁，"多么壮丽的江山呀！"关羽称赞道。可惜东吴的周瑜（Zhōu Yú）和黄盖（Huáng Gài）已经不在了，打败了曹操军队的战船也不见了，只有这长江水还是热的——这不是江水，而是二十年流不完的英雄血！

本级词：

不免 bùmiǎn | inevitably

客厅 kètīng | drawing room

风光 fēngguāng | scenery, landscape

硬 yìng | by force

闯 chuǎng | to barge (into)

两岸 liǎng'àn | both sides (of a river, strait, etc.)

愿 yuàn | to wish

洞 dòng | cave

超纲词：

酒席 jiǔxí | feast

战场 zhànchǎng | battleground

比起 bǐqǐ | compared with

侄子 zhízi | nephew

水军 shuǐjūn | navy

浪 làng | wave

陆军 lùjūn | army, land force

顺着 shùnzhe | along

狼 láng | wolf

壮丽 zhuànglì | magnificent

练 习

1. 黄文眼中的关羽是怎样的？

2. 关平和关兴打算怎样接应关羽？

3. 文中提到，关羽多次经过长江，那么他这次前往单刀会，心里会有什么与以前不同的感受？请你用自己的话表达一下。

四　单刀会

　　鲁肃见到关羽，礼貌地说："能邀请到关将军，我真是太幸运了。"

　　关羽说："鲁大人太客气了，既然鲁大人邀请，那我是一定要来的。"

　　鲁肃让黄文献上酒，关羽举起酒杯说："时间过得真快啊。"鲁肃点头："是啊，时间像快马，像流水。"关羽接着说："自从赤壁之战后，好几年没见，今天好不容易见面了，我们却又都老了。我要多喝几杯，好好地醉一夜，不管别人对我怎样，我都要用正直之道对他。"

　　"说到正直之道，那借了东西不还，算不算正直之道呢？"鲁肃小心地开了口，"听说关将军读了很多书，熟悉历史和军事，爱国爱民，不能不说是'仁'；为自己的兄弟愿意付出生命，不能不说是'义'；没有接受职位和金钱，告别曹操回到蜀汉，不能不说是'礼'；用汉江水淹了曹操的军队，不能不说是'智'。但孔子说，人如果没有'信'，就像车没有轮子一样，如果能再做到'信'，那么世上就没人能比得了关将军了。"

　　"我怎么就没有'信'呢？"关羽问。

　　"不是关将军没有'信'，而是关将军的兄长失去了'信'。"

　　"我哥哥失去了什么'信'呢？"关羽又问。

　　鲁肃说："想当年，关将军兄长当阳兵败，是因为我鲁肃，才能把军队放在三江夏口。我又和诸葛先生一起去见了主公，准备好了军队，取得了'赤壁之战'的胜利。'赤壁之战'中，我们东吴付出巨大，还失去了大将军黄盖。考虑到关将军兄长没有站脚的地方，才借了荆州，但借了这么多年都没有还。今天我能不能向将军请求，先把荆州交给东吴，等到人口增加、粮食充足，再献给将军管理？"

"你说荆州是东吴的，"关羽看向鲁肃，说道，"那我问你，我们汉高皇建立了汉朝，汉光武扶正了国家，汉王允杀了董卓（Dǒng Zhuó），汉皇叔灭了吕布（Lǚ Bù），我哥哥继承的是汉家事业，你这东吴国的孙权，和我们刘家却是什么关系？"

鲁肃还不想放弃："可当年诸葛先生自己说要还的。"

"你听到我手中剑发出的声音了吗？"关羽说，"我的剑很少发出声音来，第一次是杀了文丑，第二次是刺了蔡阳，鲁肃啊，这第三次不会是要到你了吧？

"我这剑来自天地金火、阴阳日月，鬼神也不敢靠近。它如果高兴，就静悄悄地待着不动；它如果生气，就发出铮铮的声音。我会好好地控制住它，你不用紧张。但如果再提荆州的事，它可就不受我的控制了。这剑饿了就吃敌人的头，渴了就喝仇人的血，它是一条正在睡觉的龙，它是一只正在等待的虎。今天我们才见面，不要让好朋友那么快就分离。鲁大人，你心里别害怕，我喝醉了酒说的是醉话，你不要怪我。"

一群士兵出现在身后。关羽说："旁边为什么这么吵？是想体验一下我的剑吗？鲁大人，你好好地送我到船上，我要和你慢慢告别。"

鲁肃吓得不敢说什么。黄文说："鲁大人，士兵们都准备好了。"鲁肃说："来不及啦。"

鲁肃被关羽拉着，来到了江边。关平已经在等候了，他说："请父亲上船，我们来迎接你了。"

关羽说："鲁大人，多谢你的好酒好菜，也多谢你一路送我。有两件事请记住：第一，有些事情我没法满足你；第二，汉家的土地谁也拿不走！"

江风一阵阵吹来，天边的晚霞也渐渐暗了下去，关羽的船像一条大龙一样，分开滚滚的江水，向荆州而去。

本级词:

职位 zhíwèi | position

充足 chōngzú | adequate

靠近 kàojìn | to approach

待 dāi | to stay

分离 fēnlí | to separate

滚 gǔn | rolling

超纲词:

军事 jūnshì | military affairs

仁 rén | benevolence, humanity

礼 lǐ | propriety

智 zhì | wisdom

信 xìn | faith

兄长 xiōngzhǎng | a respectful form of address for an elder brother or a male friend

灭 miè | to annihilate

阴阳 yīnyáng | (in Chinese philosophy, medicine, etc.) yin and yang, the two opposing principles in nature, the former feminine and negative, and the latter masculine and positive

铮铮 zhēngzhēng | clank, clang

晚霞 wǎnxiá | sunset glow

练 习

1. 请按时间顺序排列以下事件。

   ①鲁肃"送"关羽到江边。

   ②鲁肃望着关羽坐船远去。

   ③鲁肃和关羽一边喝酒一边谈话。

   ④士兵出现，但关羽并不担心。

2. 请说说你对"仁""义""礼""智""信"的理解。

3. 中国人为什么喜欢关羽？你喜欢关羽吗？

第四章 《灰阑记》：谁才是孩子的母亲？

 张家的女儿马家的妾

我们这个故事讲的是北宋时的一个普通女子，名叫张海棠。

张海棠住在郑州城。她的父亲、爷爷以及爷爷的爷爷都是读书人，算得上是"诗礼人家"。她本来可以按那个时代的标准，在合适的年纪，找一个条件差不多的男子，结婚、生子，过上比较稳定的家庭生活。她又长得那么好看，艺术方面也有才能，这些都可以为她的人生加分。不幸的是，张海棠和哥哥张林还没成年，父亲就生病去世了。经济上失去了依靠，生活一天比一天艰难。

这时候，活下去就成了最重要的事情。母亲没有别的办法，把张海棠送去了歌舞场。于是，美貌和才艺成了张海棠的资本，卖笑和卖身换来了家庭的收入。

一样是钱，但在人们眼中，有的钱高尚，有的钱却低下。因为妹妹的钱低下，哥哥张林总觉得在别人面前抬不起头来，回家后常常把气出在张海棠身上。张海棠总是忍着，也有忍不住的时候，就对张林说："哥哥，你既然要做个好男人，就想办法养家、养妈妈，不要总是对我发脾气！"

是呀，作为家里的男人，应该承担起家里的责任。张林决定去首都开封闯一闯，那里有他的舅舅，说不定能闯出一条道路来。哥哥走后，张海棠也开始考虑起自己的将来。

在她的客人中，有一个叫马均卿的男子，有
Mǎ Jūnqīng
些学问，脾气也好，家中有不少财产，虽然早
已有了妻子，但没有孩子。马均卿跟张海
棠已有几年的交往，想娶她做妾。张海棠
心里是愿意的，只是母亲没有点头，哥哥
也反对，事情就一直没有进展。也许现
在是个机会，可以跟母亲再商量一下。

马均卿当然知道老太太的意思。这一
次，他带了一百两银子来到张家。他对张海
棠的母亲说："海棠来我家后，您这里如果缺
盐少米，都是我来负担，不需要担心钱的问题；我
的大娘子也很好相处，海棠可以把她当作姐姐；如果海棠生了
儿子，那么家里的所有事情，都交给她来管理。还会有什么是您不放心的呢？今
天就是个合适的好日子，您如果同意，我就接海棠到我家去，从此我们就是一家
人了。"

马均卿的银钱足够重，话也说得很实在，张海棠的母亲终于同意了。

张海棠很高兴，马均卿看来是一个不错的选择。她从此可以离开歌舞场，再
也不用陪酒卖笑、接待客人，再也不用担心家里的生活费用，也不用怕周围人的
冷眼和议论了。她相信自己没有看错，马均卿会是那个关心她、帮她照顾母亲的
男人。她当然不会跟他的大老婆争什么，毕竟是他正式的妻子，但如果发生不愉
快，她还是希望他能多为她说话。

故事的读者可能会为她觉得可惜，但这就是张海棠简单而实际的爱情。

本级词：

不幸 búxìng | misfortune	抬 tái | to lift up
艰难 jiānnán | difficult, hard	忍不住 rěnbúzhù | cannot help
资本 zīběn | capital	毕竟 bìjìng | after all

超纲词:

妾 qiè | concubine

成年 chéngnián | to grow up

美貌 měimào | beautiful, good looks

才艺 cáiyì | talent and skill

卖笑 màixiào | to earn a living by
　　　prostitution

卖身 màishēn | to sell one's body

发脾气 fāpíqi | to throw a tantrum, to be angry at

舅舅 jiùjiu | uncle

娶 qǔ | to marry (a woman)

大娘子 dà niángzǐ | a form of address for one's
　　　wife

冷眼 lěngyǎn | cold shoulder

愉快 yúkuài | happy

练 习

1. 请按时间顺序排列以下事件。

　①张林离开家去开封找舅舅。

　②张海棠认识了马均卿。

　③张海棠和张林失去了父亲。

　④马均卿带着银子来找张海棠的母亲。

2. 张林为什么对张海棠发脾气?

3. 张海棠为什么愿意成为马均卿的妾?

二　海棠的选择

　　张海棠来到马家已有五年。她事事忍让，即使在儿子寿郎出生后，也不敢借着儿子抬高自己，或者主动提出什么要求。她的性格本来如此，而且以往的经历也告诉她：不跟人争，就能少很多麻烦。马均卿对她还不错，特别是有了儿子后，从首饰、衣服到各种要用的东西，都为她准备了不少。她的母亲去世，安葬等费用也都是他来承担。大娘子马氏看来也是喜欢孩子的，张海棠做事时，马氏总是把寿郎抱在身边，就好像是她自己的儿子似的。

　　寿郎生日这一天，马均卿和马氏带他去寺院烧香，张海棠在家准备茶饭。事情都做好后，她走到大门外，想望一望三人回来没有。门外站着一个衣服破烂的男子，竟然是她的哥哥张林！张林说："我到了开封没找到舅舅，邻居说他去了延安府。我就在开封到处找事做，可我生了一场大病，带的钱都花光了，衣服也卖掉了。好不容易走着回到郑州，母亲却不在了。妹妹能不能借我一些钱，解决我眼前的困难。"张海棠又气又可怜他，说："你是我亲哥哥，我也很想帮你，但我身上所有值钱的东西，都是马家给的，我也帮不了你，你得另外想办法呀。"说完就回屋去了。

　　过了些时候，马氏带着寿郎回来了。马氏说："门外站的是你哥哥吧，你怎么不帮帮他呢？"张海棠说："我这里值钱的东西，都是老爷和姐姐给的，我怎么好送他呢？"马氏说："这些东西给了你，就是你的了，你如果担心老爷问，我可以替你说，让老爷再做些给你。你如果不想见你哥哥，我来送出去好了。"听大娘子这么说，张海棠很是感谢，把自己的首饰、衣服交给马氏，让她送出去给哥哥。

　　马均卿因为寺院里的事情，回来晚了。马氏把他拉到一边，说了些什么。马均卿的脸色越来越难看，他叫来张海棠，说："我问你，你的首饰和衣服哪里去了？我这样对你，你却在外面又找别的男人，改不了陪酒女的习惯啊！"张海棠急了，说："那是我的哥哥呀，大娘子知道的。"可马氏不但不替她解释，反而说："我哪里知道他是真哥哥还是假哥哥。"马均卿气得要打张海棠，但他在外面跑了一天，又累又受了凉，支持不住，躺倒在床上。

马氏让张海棠去煮一碗热汤。张海棠煮好送来，马氏尝了尝，说："太淡了，去拿盐来。"张海棠又去厨房拿来盐加进去。马氏让张海棠送到马均卿床前，她说："你照顾好老爷，他才不生你的气。"张海棠照顾马均卿喝下热汤。没想到，不多一会儿，马均卿就脸变黄、眼变白，死在了两个女人的面前。马氏大声叫道："张海棠，你在汤里下毒，把老爷毒死了呀！"

张海棠呆住了，事情太突然了，她想不明白。马氏指着她，又哭又骂，又叫又跳。直觉告诉张海棠，一定是马氏。马氏在汤里放了什么？她为什么要这么做？张海棠让自己冷静，她对马氏说："姐姐，你知道不是我。这家里所有的财产我都不要，你就让我只带着孩子走吧。"马氏说："你想得美！孩子是马家的，一直是我在养，怎么能让你带走。你有两条路，一是你自己一个人走，二是你与我去官府见官老爷，说你下毒杀死了丈夫，你选哪一条？"

张海棠没有犹豫，她对马氏说："好，那就去官府见官老爷吧。"

本级词:

即使 jíshǐ | even though	脸色 liǎnsè | facial expression
以往 yǐwǎng | before	尝 cháng | to taste
邻居 línjū | neighbor	厨房 chúfáng | kitchen
屋 wū | house, room	呆 dāi | dumbstruck

超纲词:

首饰 shǒushì | jewelry	老爷 lǎoye | master, lord
寺院 sìyuàn | temple	煮 zhǔ | to boil, to cook
烧香 shāoxiāng | to burn joss sticks	直觉 zhíjué | intuition
值钱 zhíqián | valuable	官府 guānfǔ | (local) authorities

练 习

1. 本文讲的故事发生在什么时候?

    A. 张海棠儿子出生的那一天。

    B. 张海棠儿子过五岁生日的那一天。

    C. 张海棠母亲去世的那一天。

    D. 张林离开开封的那一天。

2. 张林在马家门前见到了谁?

    A. 张海棠   B. 马氏   C. 寿郎   D. 马均卿

3. 如果是马氏下的毒,最有可能是什么时候下的?

    A. 张海棠煮汤时。   B. 马氏尝汤前。

    C. 张海棠去拿盐时。   D. 张海棠放入盐后。

三　黑变成了白，白变成了黑

张海棠被马氏拉着，来到了郑州官府。

官府老爷苏顺愤问：“哪个是原告？”马氏说：“大人，我是原告，她是被告。我是马均卿家的大娘子，她是小妾张海棠。她在外面找了男人，在汤里下毒，毒死了我的丈夫，还要抢走我生的儿子，占有我家的财产。请大人帮帮我这个可怜的女子吧！”

苏顺愤一听，原来是大老婆和小老婆争财产，女人们的事情他不想管，而且也没有银钱上的好处，于是他叫来了一直替他工作的赵令史，让他来办。

张海棠见到赵令史，觉得在哪里见过，她想起来了，马均卿曾经请他来家里吃过饭。而马氏见了赵令史，眼泪更多了，声音也更高了。只听到赵令史大声说：“张海棠，你怎样毒死你丈夫的，你老实说！不然的话，这大棒就要打在你身上了！”张海棠把自己的经历讲了一遍。赵令史说：“你原来是个陪酒女，一看就知道不是好女人，你不要不承认，在外面找男人倒也算了，为什么要杀了丈夫、抢别人的儿子？”张海棠说：“这孩子明明是我生的，那接生的刘四婶、理发的张大嫂，还有周围的邻居们，都可以证明。”

于是，刘四婶、张大嫂以及马家的两个邻居作为证人被叫来。两个邻居说：“马家是富人家，跟我们交往不多。但五年前大娘子生了个儿子，我们都去祝贺，马家也请我们吃酒，以后每年儿子生日，马老爷和大娘子都领着他到各寺院烧香，全城人都看见的，也不只有我们几个邻居。”刘四婶说：“我到各家接生，一天至少接七八个，很多年前的事了，但我记得像是大娘子。”张大嫂说：“那天我去马家给婴儿理发，是大娘子抱着的。”

赵令史说：“怎么样？证人都说是大娘子养的，是你抢她的儿子。”张海棠心都凉了，这些人难道都收了马氏的银钱，把黑说成了白，把白说成了黑吗？她忍着眼泪，看向寿郎，说："请大人问问这孩子吧。"马氏马上拉住寿郎："你说我是亲妈。"寿郎看着张海棠，说："这是我亲妈，你是我奶妈。"张海棠的眼泪终于忍不住掉了下来。

赵令史咳了两声，说："孩子太小，也说不清楚，还是证人的话最可靠。被告不承认，就给我重重地打！"大棒落在张海棠的身上，打得她意识模糊，痛苦难忍。她也是好人家的女儿，哪里受过这样的打？耳边是马氏和赵令史的叫声和骂声，还有虎狼一样的大棒。痛苦把张海棠紧紧包住，她想躲，她想逃。"大人，求求你别打了！"她一边哭喊，一边伸手想抓住什么。大棒停了下来，旁边有人抓了她的手，在纸上按了一下。

只听到赵令史说："既然承认了，按了手印，就给她戴上木枷，带下去关起来，找两个人，准备送往开封府。这个坏女人，就等着受处罚吧！"

本级词：

抢 qiǎng | to rob
占有 zhànyǒu | to occupy, to possess
明明 míngmíng | clearly

祝贺 zhùhè | to congratulate
咳 ké | to cough
意识 yìshí | consciousness

超纲词：

原告 yuángào | plaintiff
被告 bèigào | defendant
接生 jiēshēng | to deliver a child

证人 zhèngrén | witness
手印 shǒuyìn | fingerprint
木枷 mùjiā | yoke, shackles

练 习

1. 关于本文的故事内容，有哪几项正确？

   A. 本文的故事发生在同一天的<u>郑州</u>官府。

   B. 四个证人中，有两个说了真话，两个说了假话。

   C. 四个证人的证明都是假的。

   D. <u>赵令史</u>想帮助<u>张海棠</u>。

2. <u>寿郎</u>的话可以有几种不同的理解方式？你怎样理解？

3. <u>张海棠</u>受到了不公平的对待，她的心情是怎么样的？请你用自己的话形容
   一下。

四　谁才是孩子的母亲

　　寒冷的冬天，刮着大风，下着大雪。张海棠戴着木枷，艰难地走着。郑州府的两名公人跟在后面，一人叫董超（Dǒng Chāo），另一人叫薛霸（Xuē Bà），不停地叫她快走。雪大风急，道路又湿又滑，再加上受了棒伤，去往开封府的路，每一步都是痛苦。

　　走过一座小山，张海棠看到对面有一个人正往前赶，也是公人打扮，样子是那么熟悉。是上天听到她的哭声了吗？她使劲地喊道："哥哥，救我——！"

　　张海棠遇到的这个人正是她的哥哥张林，他在开封府找到了一份工作，今天出去办事，没想到会在冰天雪地中见到只剩下半条性命的张海棠。听妹妹讲了事情的经过后，张林说："那天马氏拿着衣服首饰出来，骗我说你不愿意给，这些都是她自己的。我心里还一直怪妹妹，实在想不到她如此毒辣！妹妹受苦了！"

　　张林把董超和薛霸请到路边的小酒店中，买了酒菜请他们吃，求他们一路上多多照顾妹妹。这时，外面进来一男一女两人，张海棠看见后叫了起来："哥哥，这就是害我的那两人呀！"进来的两人是马氏和赵令史。张林推开酒碗跳了起来，董超和薛霸一边向来人摇手，让两人快走，一边拉住张林。两人见情况不对，赶快逃走。张林见了，哪里敢丢下妹妹去办自己的事情，只好紧紧地跟着，四人一起来到了开封府。

　　开封府的包拯（Bāo Zhěng）大人已经看过郑州来的公文。关于张海棠的案子，他有两点疑问：一是张海棠没有理由去抢大老婆生的儿子，二是张海棠在外面找男人这件事并没有证实。他决定重新办这个案子。他派人前往郑州，找来马氏和证人，并留下董超和薛霸，单独来问他们。

　　一切都准备好后，这一天，包拯细细问过张海棠，又叫马氏和证人来问。马氏和证人还是和在郑州府一样的说法。包拯让手下张千取来石灰，在台阶下画了个圆形的围栏。他让寿郎站到围栏里面，马氏和张海棠站在两边。他说："你们同时拉这个孩子，如果是你的孩子，就拉得出来，如果不是你的孩子，就拉不出来。"他说了声"开始"，只见马氏用足了力气拉寿郎，而张海棠却不敢使劲，寿郎很快就被马氏拉出围栏外。包拯说："张海棠，看来这孩子不是你的。我再给你一次机会。"第二次仍是一样的结果。看着哇哇大哭的寿郎，张海棠心都碎了，她哭着说："大人，生养这孩儿，我不知吃了多少苦，好不容易长到五岁，两家硬夺，万一伤了孩儿，可怎么办才好！"

看到眼前的情景，大家已经明白了包拯的意思。包拯说："法律离我们远，但人情离我们近。马氏夺这孩子，是为了马家全部财产。张海棠不敢用力气，因为她是爱孩子的母亲。董超和薛霸拿了赵令史的银钱，要在路上杀死张海棠，没想到遇到了张林。那赵令史为什么帮马氏？我要来问问他们！"

在包拯的命令下，赵令史被叫了上来。因为害怕被打，他和马氏很快说出了真相：

两人是情人关系，下毒害死马均卿，用银钱收买证人和公人。为了确认张海棠的死活，两人出门打听，风雪天冻坏了，就进小酒店避寒，没想到遇到张林。

这对曾经打算永远在一起的情人，现在却互相指对方是出主意的恶人。

张海棠当然不会知道，开封府的这位包拯大人为后世留下了许多有名的故事。对她来说，是作为母亲的爱和勇敢，救她脱离了灾难。

本级词：

滑 huá | slippery

加上 jiāshàng | to add, with the addition of

打扮 dǎbàn | to dress up

骗 piàn | to cheat

逃走 táozǒu | to run away

丢 diū | to put aside, to lose

证实 zhèngshí | to verify

说法 shuōfǎ | statement

只见 zhǐjiàn | only to see

碎 suì | to break

真相 zhēnxiàng | truth

脱离 tuōlí | to break away from

超纲词：

刮 guā | to blow

公人 gōngrén | runner (in an ancient yamen)

冰天雪地 bīngtiān-xuědì | a world of ice and snow

公文 gōngwén | official document

案子 ànzi | case

石灰 shíhuī | lime

圆形 yuánxíng | circle

围栏 wéilán | fence

哇哇 wāwā | to cry loudly

情人 qíngrén | lover

收买 shōumǎi | to bribe

避寒 bìhán | to get out of the cold

后世 hòushì | later ages

练 习

1. 风雪天路遇张海棠前，张林对张海棠有着怎样的误会？

2. 马氏和赵令史为什么在风雪天去小酒店？

3. 两个女人争一个孩子，聪明的法官想出好办法，做出判断，这是《灰阑记》的高潮。在你的国家，有没有类似的故事呢？和大家分享一下吧。

第五章 《西厢记》：古代中国人怎样恋爱？

 美丽的普救寺

Cuī Yīngyīng
崔莺莺是崔家的大小姐，下面有个年纪还小的弟弟叫欢郎，一家人生活在首都长安。崔莺莺从小接受了良好的教育，能写诗，会计算，女孩子的手工也做得不错。她的父亲崔珏已经为她选好了丈夫，她未来的丈夫叫郑 恒，是郑家的大儿子。虽然崔莺莺并不了解郑恒，不知道他喜欢看什么书吃什么菜，但这不影响父母为她做决定。崔、郑两家都是有名的贵族家庭，男主人职位都很高，再加上莺莺的母亲就姓郑，郑恒是她的侄子，家长们对于这样的安排，自然都很期待。不幸的是，没等到女儿结婚，崔莺莺的父亲就生病去世了，家庭的责任落到了夫人郑氏的肩上，崔莺莺的结婚日期也推迟了。

崔莺莺十九岁这一年，夫人收拾起心情，整理好行李，带着莺莺、欢郎以及
Hóngniáng
侍女红娘，送丈夫的棺柩回故乡博陵安葬。

路上并不顺利，他们爬山过河，走得很辛苦，好不容易来到蒲郡。听说出了强盗，前面的道路更不安全，夫人就决定写信给郑恒，请他来帮忙，一家人先在
Pújiù Sì   Wǔ Zétiān
蒲郡东面的普救寺住下等待。普救寺是皇帝为武则天建造的，当时主持建造的人就是莺莺的父亲。

四五月间，已经到了晚春，普救寺西边花园的池子里落满了花。听不见人

声，只有鸟儿在唱歌。在这静静的下午，夫人同意莺莺在寺院里散一会儿步。夫人有夫人的担心，莺莺有莺莺的心事。

这一天，蒲郡的小旅馆状元店 (Zhuàngyuán Diàn) 里，来了一名年轻人张珙 (Zhāng Gǒng)，他要去长安 (Cháng'ān) 参加考试，经过蒲郡。他想到自己的好朋友杜确。他和杜确是同乡也是同学，不同的是，杜确通过了武科考试，成了一名军官，带领十万军队守在蒲关，而他却还在准备考试，不知道什么时候才能成功。想到这些，他有些惆怅。他从状元店打听到，附近有一座普救寺十分有名，建筑雄伟，景色优美，是放松心情的好地方。于是吃完午饭，他就出发前往普救寺。

进到寺院里，绿树绕着红墙，阳光暖和地照着，空气中可以闻到寺院特有的味道。张珙一路走着，心情也渐渐变轻松。他看了各处的建筑，也拜了佛。当他转身下台阶时，突然看到对面来了一位年轻的女子，她走路的样子是那么好看，他无法收住自己的目光。女子显然也注意到了他，却并不吃惊，一边继续跟身后的侍女说话，一边用眼睛望向他。女子的眼睛明亮又温和，声音就像鸟儿在唱歌，动作就像轻风吹过的柳枝。他站在那里呆呆地望着她，直到她走远，才突然惊醒。他问小僧女子是谁，小僧告诉他，这就是长安崔家莺莺小姐。

偶然遇见的崔莺莺小姐，就好像一束光，照进他的心里。他读过的书、走过的路，一下子变得都不重要。他多想再次见到这位美丽的女子。他问过方丈，说想借一间安静的僧室读书，方丈同意了，于是张珙住进了普救寺的西厢房，和崔家住的院子只隔了一片墙。当他见到莺莺小姐的侍女时，赶紧介绍自己：

"我叫张珙，今年二十三岁，老家在洛阳，正月十七出生，我还没有妻子。"

本级词：

恋爱 liàn'ài | love	绕 rào | to surround
收拾 shōushí | to arrange, to take care of	特有 tèyǒu | peculiar, characteristic
辛苦 xīnkǔ | hard, laborious	目光 mùguāng | sight
建造 jiànzào | to build	明亮 míngliàng | bright
池子 chízi | pond, pool	温和 wēnhé | gentle
建筑 jiànzhù | architecture	偶然 ǒurán | by chance
雄伟 xióngwěi | grand	再次 zàicì | again

超纲词：

贵族 guìzú | nobility

侍女 shìnǚ | maid

棺枢 guānjiù | coffin

强盗 qiángdào | robber, bandit

同乡 tóngxiāng | a person from the same
　　village, town or province

惆怅 chóuchàng | melancholy

佛 fó | Buddha

柳枝 liǔzhī | willow branch

僧 sēng | monk

方丈 fāngzhàng | abbot

厢房 xiāngfáng | wing-room

练 习

1. 普救寺在哪里？

　　A. 长安　　　　　　B. 洛阳　　　　　　C. 蒲郡　　　　　　D. 博陵

2. 张珙和杜确是什么关系？

　　A. 同乡　　　　　　B. 同学　　　　　　C. 朋友　　　　　　D. 以上都是

3. 普救寺究竟有多美？请你根据故事内容说说看。

"英雄"救了美人

夜晚，月亮很好，崔莺莺带着红娘到花园里烧香。她向上天说了自己的愿望：一愿天上的父亲一切顺利，二愿自己的母亲平安无事。她还有第三个愿望，是关于她自己的，却不知怎么说。这时，花园的墙外、太湖石的后面传来男子的声音："怎样才能靠近那月亮，见到美丽的月中人？"红娘说："那不就是上次遇到的叫张珙的书呆子吗？"

崔莺莺想起了那天下午遇到的男子。不知是月夜的美好还是诗里的感情，让崔莺莺有些感动，她回了一首诗："我想那位写诗的人，应懂得月中人的烦愁。"红娘说："姐姐，我们还是回屋里去吧，夫人知道了要说你的。"崔莺莺心里不太愿意，但还是转身和红娘进了屋。

十五日这一天，普救寺为崔家做法事，张珙拿出五千钱，请求方丈为自己去世的父母一起做。法事现场很是热闹，大大小小的僧人有的烧香，有的点灯，有的敲钟，有的念经。崔莺莺再次见到了张珙，可以有时间仔细看这个年轻的男子。他长得很帅，忙前忙后地做着他能做的事。他们的目光偶尔会碰在一起，他轻轻点一下头，她连忙低下头。她想着那天花园里的诗句，就是从他的嘴里说出。她希望时间能过得慢一些，留住这个聪明又多情的男子。

这时的崔莺莺，怎么会想到接下来发生的事呢？

就在办完法事的第二天，普救寺外来了强盗孙飞虎，他带着五千人马，把普救寺层层围住，要求三天内交出美女崔莺莺，不然就烧了普救寺，杀掉所有人。夫人慌了，哭着说："我怎么舍得把女儿给强盗，这不是坏了我们家的名声吗？"崔莺莺说："把我送给强盗，会坏了崔家的名声；我如果自杀死了，会对不起我的母亲；不如把寺里所有人都找来问问，只要有人能想出办法、解除危险、救大家的性命，那我愿意与这位英雄结成夫妇。"夫人连忙说："这个办法可以。虽然不是合适的婚姻，但也总比孙飞虎好。"夫人的话传下去后，张珙站出来说："我有办法！"

张珙先让方丈跟孙飞虎提两个要求：一是往后面退一些距离，不要吓到崔小姐；二是崔小姐现在还在为去世的父亲穿白衣，要等到三天以后才能换上有颜色的衣服出来见人。两个条件孙飞虎都同意了。接着，张珙给他的朋友杜确写了一封信，信中说明了普救寺现在的情况，请这位蒲关的"白马将军"赶快带兵来救。这封信交给僧人惠明(Huìmíng)送去。惠明跟别的僧人不一样，是个喜欢喝酒打架的武僧，越是危险的情况，就越是勇敢。惠明果然没让大家失望，在他出发送信后的第三天，杜确带兵赶到了。他杀退了孙飞虎，危险解除了。

杜确因为有重要的事情处理，向张珙表示祝贺后，就回蒲关去了。夫人准备了酒菜，要请张珙到家里来。大家都很高兴，原来说张珙傻的红娘，也觉得他是可靠又可爱的男人。当然，最开心的恐怕就是张珙和崔莺莺本人了。

本级词：

仔细 zǐxì | careful

偶尔 ǒu'ěr | occasionally

解除 jiěchú | to get rid of

打架 dǎjià | to fight

傻 shǎ | silly

本人 běnrén | self

超纲词：

太湖石 Tàihú shí | Taihu stone (often used in gardens)

书呆子 shūdāizi | bookworm

首 shǒu | (a measure word for a poem, a song, etc.)

法事 fǎshì | religious rites

念经 niànjīng | to recite or chant scriptures

多情 duōqíng | full of affection, passionate

名声 míngshēng | reputation

婚姻 hūnyīn | marriage

练 习

1. 请按时间顺序排列以下事件。

   ①普救寺僧人做法事。

   ②方丈向孙飞虎提要求。

   ③杜确打败了孙飞虎。

   ④崔莺莺月下烧香。

   ⑤孙飞虎围住普救寺。

2. 有什么方法可以对付孙飞虎？大家各有什么想法？完成下面的表格。

	怎么办	夫人的想法	崔莺莺的想法
方法一	把崔莺莺交给孙飞虎	坏了崔家的名声	
方法二			
方法三			

3. 对于上面表格中夫人和崔莺莺的想法，你怎么看？

三　琴和信

　　酒菜已经摆好，主人和客人也都坐下。夫人对莺莺说："从今天开始，你们就是兄妹了，快给哥哥敬酒！"张珙听了又吃惊又失望，莺莺也没想到母亲改了主意。一桌子酒菜变了味道，两个年轻人的期待落了空。张珙问夫人："您答应了的事情为什么改变呢？"夫人说："小姐的婚姻早已经订了，对方是长安郑家的郑恒，先前我写了信叫他来帮忙，如果这时他来了，可怎么办好呢？不如我用金银来表达感谢，先生可以用这些金银另找好人家的女儿。"张珙说："既然夫人不同意，我就只能回去继续读我的书、走我的路。金银对我来说有什么意义呢？我不想去找别人家的女儿！"

　　张珙回到僧房，很是难过，他的热情和努力换不来夫人的认可，难道自己喜欢的女子就只能是镜中花、水中月吗？他剪不断自己对崔莺莺的思念，他很想见到她，问一问她是否有着跟他一样的痛苦。红娘同情这个因为思念而伤心的男子，见他的房间里放着一张琴，就告诉他说："小姐喜欢听琴，你如果会弹琴，可以弹给她听，看看她的反应。"

又到了一个月明的晚上，崔莺莺和红娘来到花园里。乘着清风，琴声传来，崔莺莺的心一下子就被吸引住了。琴声有时快，有时慢，有时像流水叮咚的声音，有时像人在轻声说话。崔莺莺跟随着琴声，走到窗前。这时，在琴声的配合下，琴主人开始唱歌："琴声是我的语言，告诉她我的思念。多想得到她的许可，让爱带走我的悲伤。我想陪在她的身边，就像鸟儿双双对对。如果不能再见到她，我的心会痛苦死去。"崔莺莺听着听着，眼泪掉了下来。红娘说："以后我们就听不到这琴声了，琴主人觉得夫人和小姐无情，要伤心地走了。"崔莺莺心都碎了，但又不能直接说，只能请求红娘："请你转告他，这都是夫人一个人做的决定，请他多留几天，有人正在劝夫人改主意。"

红娘把崔莺莺的话转告了张珙，张珙写了一封信请红娘带去，崔莺莺也写了一封回信，想约张珙晚上在花园里见面。

热心的红娘为两人传信。她不认识字，看不懂信。张珙信任她，也需要她的帮助，信上写了什么都告诉她；而崔莺莺毕竟有自己的身份，偷偷约会这种事情也不是像她这样受过教育的女子应该做的，她不想告诉别人。所以，当崔莺莺发现约会的事被红娘知道，面对夜晚来到花园里的张珙，她不愿承认了，反而问张珙"来做什么"。张珙只好又回到自己的房间，他倒在床上，"相思病"越来越重。女子的心，天上的云，张珙虽然聪明，又怎能完全猜透呢？

夫人听说张珙病了，给他请来了医生。但对张珙的"病"真正有效的，还是红娘送来的崔莺莺的信。信中说：

"不要随便猜想我对你的感情，好好爱护自己的才能和身体。昨天晚上只考虑了我的身份、名声，哪里想到会让你生气、生病。为了报答你对我的感情，我不打算遵守道德礼法。就让这封信证明我们的婚姻，请你一定等候今晚的相聚。"

就这样，张珙在普救寺西厢房等来了崔莺莺，两个年轻人度过了美好而又难忘的夏夜。

本级词:

先前 xiānqián | previously, before

剪 jiǎn | to cut

乘 chéng | to ride

跟随 gēnsuí | to follow

许可 xǔkě | permission

回信 huíxìn | to write back

遵守 zūnshǒu | to abide by

道德 dàodé | morality

超纲词:

敬酒 jìngjiǔ | to propose a toast

叮咚 dīngdōng | ding-dong

相聚 xiāngjù | to get together, to meet

难忘 nánwàng | unforgettable

练 习

1. 夫人为什么不同意张珙和崔莺莺的婚姻?

2. 张珙和崔莺莺虽然喜欢对方,却没有单独见面的机会,他们用什么方式交流?

3. 请指出下图中的三个人分别是谁,说说图画表达的故事内容。

四　有事业也有爱情

有什么事情能逃过母亲的眼睛呢？夫人发现女儿最近变了，总是睡不醒的样子，神情和说话都跟以前不太一样。她追着红娘问，红娘只好把小姐和张珙偷偷约会的事情告诉夫人。夫人非常生气，红娘说："这不是张珙、小姐和红娘的错，而是夫人的错。首先，您答应的事情没有做到；其次，您让两人结成兄妹，给他们见面的机会；第三，如果事情被大家知道，那崔家、郑家都没有面子。既然两人这么爱对方，不如就答应了他们，他们也不用偷偷地见面了。"

夫人被红娘说服了，但有一点她不能让步：崔家的女儿有自己的身份，一个没有职位、普普通通的人，怎么能成为她女儿的丈夫呢？她向张珙提出了要求："如果你想跟我女儿结婚，那么明天就出发去长安参加考试。你的妻子我来养着，你成功了就回来见我，不成功就别回来了。"

由于夫人的坚持，张珙只能接受。才得到母亲的许可，崔莺莺就不得不和张珙分离。相聚时有多甜蜜，分别时就有多难过。崔莺莺送张珙到长亭，看到秋风吹、黄叶落、大雁向南飞去，眼泪忍不住往下掉。她让张珙一路小心，照顾好自己，不管这次考试是否成功，都别忘了回来找她。

两人在长亭分别，张珙一路向西，天黑时住进了草桥店。梦中，莺莺也来到了草桥店，而后面追来一群强盗，抢走了莺莺。张珙一下子惊醒，这时，天才刚刚有些亮，一弯淡淡的秋月还挂在天空。张珙望着窗外，心中装满了思念。

半年后，考试结果公布，张珙得了第一名。他一边等待皇帝的安排，一边写信向崔莺莺报告这个好消息。

而住在普救寺的崔家这边也等来了迟到的郑恒。他已经知道夫人答应了张珙和崔莺莺的婚姻，在他看来，这个张珙又穷又普通，而他作为郑氏贵族，怎么能输给这样的一个人呢？红娘对郑恒说："我们需要你的时候，你在哪里？现在来抢已经太晚了，而且要说性格、才能、风度，你都比不上张珙。"郑恒无法接受失败，他骗夫人说，张珙已经在长安和卫大人家的女儿结婚了。夫人相信了郑恒的假话，让郑恒和崔莺莺结婚。

　　就在郑恒和崔莺莺举行婚礼的这一天，张珙接受了皇帝安排的职务，以蒲郡地方官员的身份回来了，他的老朋友杜确也来祝贺。在真相面前，郑恒丢了脸，也失去了前途。

　　崔莺莺和张珙的爱情经历了许多考验，终于有了一个圆满的结果。愿这个世界上所有的恋人，都能够像他们那样，成为永远在一起的家人。

本级词：

神情 shénqíng | look, expression

面子 miànzi | face (referring to someone's dignity or reputation)

风度 fēngdù | demeanour

职务 zhíwù | post, job

超纲词：

让步 ràngbù | (to make) concession

甜蜜 tiánmì | sweet

恋人 liànrén | lover

练 习

1. 崔莺莺送张珙去长安参加考试是在什么季节？

　　A. 春天　　　　　B. 夏天　　　　　C. 秋天　　　　　D. 冬天

2. 你觉得崔莺莺母亲的要求合理吗？

3. 张珙和崔莺莺的爱情经历了哪些考验？

第六章

《牡丹亭》：人和鬼怎样恋爱？

一　梦里

家住 广 州 的读书人柳春卿今年二十岁，正在为三年一次的国家考试做着准
备。半个月前他做了一个梦，梦见一座花园，花园里的梅树下站着一位美人，个
子不高也不矮，好像是在送他，又好像是在迎接他。美人对他说："你遇到我之
后，才会结婚、有自己的家，才会事业发达。"柳春卿因此把自己的名字改成了
柳梦梅。

在距离广州三百多公里的南安，地方官员杜宝请了六十岁的老先生陈最良，
来教自己十六岁的女儿杜丽娘读书，希望她学会书中的道理，成为女中模范。

第一天上课，陈老先生为杜小姐讲《诗经》，十三岁的侍女春香在旁边陪
着。陈老先生说："这《诗经》好啊，三百首诗，有很多是关于女子应有的修
养，最适合教育女学生。比如第一首诗，就是讲女子性格要安静、要遵守女子的
道德，这样才会有好男子来找她。"春香问："那男子为什么要来找她？"陈老
先生回答不出来，只能说春香"多嘴"。夜晚，杜小姐再次读到这首诗时，却有
着不同的感受：这明明是一首美丽的爱情诗呀。她推开书，说道："原来，古代
人和现在的人都是一样的啊！"

三月，杜宝作为南安地方官员，要去农村调查农业、慰问农民。春香对杜丽娘说："小姐读书累了，老爷又正好出差，管不了我们，后面的花园里春色正浓，不如我们去花园玩一玩吧。"杜丽娘犹豫了好久，才找来日历，选好了适合出门的日子。春香向陈老先生请假说："小姐被你讲的诗感动了，春天走得太快让她伤心，她要去花园里看春天。"陈老先生虽不理解这个请假的理由，不懂杜小姐有什么好伤心的，但也只好同意。

吃过早茶，杜丽娘和春香走出家门，来到后花园。花园里开满各种颜色的鲜花，叽叽喳喳的鸟儿飞来飞去，空气中充满了醉人的香气。杜丽娘心想："呀！不到园林，怎么知道春色如此美丽？为什么我的父母却从来不向我说起？"她看到青山上开满了红杜鹃，荼蘼在阳光中格外鲜艳，到处都是生命的热情与活力，而她自己正是最美的年纪，却整天待在深院里没人知道，就像那迟迟没有开放的牡丹一样，得不到春天的消息。想到这里，杜丽娘心里充满惆怅，没有心情继续看花，就叫上春香回家去了。

回到房中，杜丽娘仍然春愁无限。什么时候能像小说里的崔莺莺遇到张珙一样，遇到自己的那份爱情呢？想着想着，她睡着了。梦中走来一个手拿柳枝的年轻男子，对她说："姐姐有花一样的美貌，却在为自己的青春伤心，所以我要赶快把你找到，原来你就在这里啊。"杜丽娘觉得那男子好像在哪里见过，十分熟

悉，这次见面竟然不需要再说些什么。他们来到后花园的牡丹亭边，躺在围栏旁，享受青春男女的欢爱。不知过了多长时间，男子说："姐姐，我要走了。你休息吧，下次我再来看你。"杜丽娘想拉他却没拉住，一下子从梦中惊醒。

晚上，杜丽娘想着梦中的经历，怎么也睡不着。第二天，她独自一人又来到后花园，想要寻找昨天梦里的情景。牡丹亭和围栏还是梦中的样子，却少了那位温柔的男子。她靠着一棵梅树坐下，回忆着梦里的动人春色。

本级词：

模范 mófàn | model, fine example

修养 xiūyǎng | self-cultivation

出差 chūchāi | to be on a business trip

园林 yuánlín | park

鲜艳 xiānyàn | bright-colored

迟 chí | late

旁 páng | side

回忆 huíyì | to recall

超纲词：

梅树 méishù | plum tree

多嘴 duōzuǐ | gossipy

春色 chūnsè | spring scenery

叽叽喳喳 jī-zhāzhā | to chirp, to twitter

杜鹃 dùjuān | azalea

荼蘼 túmí | roseleaf raspberry

牡丹 mǔdān | peony

欢爱 huān'ài | joy and love

温柔 wēnróu | gentle

练 习

1. 柳春卿为什么把自己的名字改成柳梦梅？

2. 陈老先生和杜丽娘对《诗经》的理解有什么不同？

3. 杜丽娘游园时，觉得自己像哪种花？为什么？

二　画中

　　自从去过花园后，<u>杜丽娘</u>就像有想不完的心事似的，饭也吃不下，觉也睡不好。<u>春香</u>说："小姐，你怎么精神这么差，人也瘦了许多，那花园以后再也别去了。"<u>杜丽娘</u>拿来镜子一照，镜中人的样子果然不同从前。她吃了一惊，说："哎呀，得赶快把我的样子画下来，如果我不在了，谁还会知道<u>杜丽娘</u>有如此美貌呢？"于是，她照着镜中人，画下了那个最美的自己。放下画笔，<u>杜丽娘</u>对<u>春香</u>说："古代或现在的美女，如果有一个爱她的丈夫，就可以为她画；也有自己画了，送给情人的。而我把自己画下来，又能送给谁呢？"

　　从春到夏，夏又变成了秋，<u>杜丽娘</u>的精神越来越差，病倒在床上。天下的父母，谁不爱自己的孩子？更不用说<u>杜宝</u>和夫人只有这么一个女儿。<u>杜宝</u>请来懂医药的<u>陈最良</u>老先生，来为女儿看病下药；夫人请来做法事的<u>石道姑</u>^{Shí Dàogū}，要为女儿赶走鬼怪。可是两种方法都没有什么效果。到了中秋节这天，<u>杜丽娘</u>请求母亲说："后花园里有一棵我喜欢的梅树，我死后请把我安葬在树下。"又对<u>春香</u>说："你把我的那幅画像用盒子装好，放在后花园的太湖石下吧。"父母的泪水没能留住他们的女儿，夜里，<u>杜丽娘</u>离开了人世。

　　就在这时，<u>杜宝</u>接到皇帝的紧急命令，因为<u>金国</u>军队南下，北方有战争的危险，他被派到<u>淮扬</u>^{Huáiyáng}，负责那里的安全。命令来得急，第二天就要出发。<u>杜宝</u>夫妇放心不下刚去世的女儿，出发前作了安排：把后花园让出来，建一座<u>梅花观</u>^{Méihuā Guàn}，让<u>石道姑</u>管理；还有一些土地，就交给<u>陈最良</u>，委托他们二人为<u>杜丽娘</u>祭扫。交代好后，<u>杜宝</u>夫妇就赶往<u>淮扬</u>去了。

　　<u>杜丽娘</u>的鬼魂被带到了<u>地府</u>，在这里，死者要分成"好人"和"坏人"，根据死的方式接受不同的安排。但<u>杜丽娘</u>是因为做了梦而死去的，<u>判官</u>^{Pànguān}很是为难，不知该怎么办才好。在<u>杜丽娘</u>的坚持下，<u>判官</u>拿出记录婚姻的本子，查到她未来的丈夫是通过了国家考试的<u>柳梦梅</u>，因此决定把她放出<u>地府</u>，让她跟随着风，寻找这个男子，并命令后花园的花神保护她地下的身体。

很快到了冬季。一个风雪天，<u>陈最良</u>外出回家的路上听到喊"救命"的声音，原来是有人掉进沟里了，<u>陈最良</u>把他拉了出来，了解到他是去首都<u>临安</u>参加^{Lín'ān}考试的读书人，叫<u>柳梦梅</u>。<u>陈最良</u>见他伤得不轻，又是个读书人，非常同情，就把他带到了<u>梅花观</u>，让他养好伤病再走。

<u>柳梦梅</u>就在<u>梅花观</u>住下了。一天，他从<u>石道姑</u>那里知道，<u>梅花观</u>后面有一座大花园。他照着<u>石道姑</u>指的路，来到了花园里。花园果然很大，但草长得很高，设施也都又破又旧。当他走到太湖石旁边，发现石头下面有一个长长的盒子。他拿出盒子，打开一看，原来是一幅画像。画中人是个女子，好像是观音，却没有莲花；又好像是嫦娥，却没有云彩。人间哪有如此美丽的女子呢？但又似乎在哪里见过。他突然想起自己曾经做过的梦，那个让他改了名字的梦。画中的美人就是她吗？

<u>柳梦梅</u>把画像带回来，挂在墙上，每天都为画中人送花、烧香。他愿画中人能感受到他的诚意，走下来与他见面。

本级词：

中秋节 Zhōngqiū Jié | Mid-Autumn Festival

盒子 hézi | box

委托 wěituō | to entrust

交代 jiāodài | to make clear, to explain

沟 gōu | gully

超纲词：

鬼怪 guǐguài | ghosts and monsters

人世 rénshì | human world

祭扫 jìsǎo | to sweep a tomb and offer sacrifices

鬼魂 guǐhún | ghost

救命 jiùmìng | Help!

莲花 liánhuā | lotus

云彩 yúncǎi | cloud

诚意 chéngyì | sincerity

66

练 习

1. 杜宝夫妇用了哪些办法救女儿的命?

2. 杜丽娘死前为自己作了哪些安排?

3. 观音、嫦娥是什么样的? 为什么柳梦梅看见杜丽娘的画像时，以为看见的是观音、嫦娥?

三　船上

　　夜里，杜丽娘的鬼魂追着自己的画像，来到柳梦梅的住处。那位对着画像一声声叫"姐姐"的男子，不正是自己的梦中人吗？杜丽娘敲了敲窗前的竹子，柳梦梅打开门，看到的是一位艳丽的女子。杜丽娘只说自己是邻居家的女儿，柳梦梅想的只是把她留下。在这间小小的屋子里，冷冷的暗夜被照亮了，生和死的距离也消失了。

　　杜丽娘夜里轻轻地来，天亮悄悄地去。而相聚时的笑声、说话声，还是让石道姑听见了。一天晚上，石道姑过来敲门询问，柳梦梅慌了。杜丽娘说："别急，你尽管去开门，我去那画像后面躲一躲。"石道姑走进来，只觉得一阵风吹过，却没见到有什么人。她望着墙上的画像，说："难道是这张画像里有什么秘密？"

　　第二天晚上，当杜丽娘再次到来，柳梦梅说："上次让姐姐吓走了，以为不会再来，今天能再见到，我只有感谢。请姐姐告诉家门姓名，我明天上门求婚，以后可以永远在一起。"杜丽娘说："现在还不到见我父母的时候，但我希望做你真正的妻子。"柳梦梅听杜丽娘这么说，立刻烧上香，拉杜丽娘跪下："神天在上，后土在下，柳梦梅愿与眼前人结成夫妻，生生死死，永远不分离。"杜丽娘看着这个跟她拜天地的男子，掉下了眼泪。多少次话到嘴边却没说出的秘密，现在是不是应该告诉他了？她对柳梦梅说："你把灯剪亮，打起精神听仔细，你已是我的丈夫，都跟你说了也没关系。"

　　杜丽娘把自己的经历都告诉了柳梦梅。柳梦梅说："你是我的妻子，是鬼我也不怕，只怕你会像烟云一样散去，请告诉我该怎样留住你。"杜丽娘说："我被安葬在后花园的太湖石旁、大梅树下，但顺着那花草树木的根，有一条通往人间的路。我的身体已经被暖热，我的心只想来到你的身边。你去请求石道姑的帮助，向地下用力挖掘，一定要带我回到有你在的人间！"

第二天，柳梦梅找到石道姑，说明了一切。石道姑说："这真是件神奇的事啊。"她定了日子，并叫上自己的侄子，三人拿了工具一起前往花园。清理掉一层层的泥土，渐渐出现了棺枢，柳梦梅紧张得不敢呼吸。打开盖子，他闻到一阵香气，只见杜丽娘好好地坐在里面。柳梦梅小心地抱起她，看着她慢慢睁开眼睛，心里充满了欢喜。从暗夜中突然醒过来，杜丽娘还不适应明亮的阳光和阵阵的轻风，但她相信这个抱着她的男子，一定是答应她永远不分离的柳梦梅。

没过多久，陈最良来到梅花观，约石道姑和柳梦梅明天清明节一起去为杜小姐祭扫。石道姑送走他后，对柳梦梅说："这可怎么办呢？如果陈老先生到了后花园，事情就会被他发现。按照他的脾气，肯定会以为杜小姐是鬼怪，你就是那个引来鬼怪的人，而我也是破坏杜小姐坟的恶人。"三个人都慌了，不知怎么办才好。最后还是石道姑有了主意，她对二人说："最好的办法就是逃走，反正柳先生要去临安考试，不如先把婚结了，然后借一只船，今天晚上就出发。"

于是，石道姑主持了简单的婚礼，并让侄子借来了船。夜晚，三人上了船，离开了南安，向临安而去。

本级词：

竹子 zhúzi | bamboo	尽管 jǐnguǎn | despite, though
敲门 qiāomén | to knock at a door	暖 nuǎn | to warm up
询问 xúnwèn | to inquire (about)	清理 qīnglǐ | to clear, to clean

超纲词:

后土 hòutǔ | god of the earth

欢喜 huānxǐ | joyful

挖掘 wājué | to excavate

坟 fén | grave, tomb

泥土 nǐtǔ | soil

练 习

1. 杜丽娘的鬼魂第一次见到柳梦梅时，为什么说自己是邻居家的女儿？

   A. 她不想让柳梦梅害怕。

   B. 她就住在邻居家。

   C. 她想让柳梦梅认识邻居家的女儿。

   D. 邻居家的女儿和她长得很像。

2. 根据上文内容，你觉得鬼和人有什么不同？

3. 为什么柳梦梅不怕杜丽娘是鬼，却怕她"会像烟云一样散去"？

四 人间

陈最良看到花园里杜小姐的坟被破坏了，而石道姑和柳梦梅也不知道去了哪里，以为是两人偷了里面的东西后逃走，又生气又伤心，决定去扬州向杜宝大人报告。

柳梦梅、杜丽娘和石道姑走水路来到临安，租了一所房子住下。甜蜜的情话来不及多讲，美丽的西湖也没工夫游玩，杜丽娘又要暂时告别柳梦梅，送他去参加国家考试。

柳梦梅来到考场，考官出的题目是《战、守、和》，让考生对国家当前紧张的形势发表自己的看法。面对南下的金国，应该主动地去打击敌人，被动地守，还是寻找和平解决的办法？柳梦梅的文章得到了考官的认可。可是考试结果还没来得及公布，就传来边境危险的消息：敌人已经到淮安城外了。于是，负责淮扬安全的杜宝被派往淮安，国家考试结果也推迟到形势稳定后再公布。

杜宝在扬州接到紧急命令，他明白战争意味着什么，为了家人的安全，他让夫人和春香去临安，自己带着军队前往淮安。而柳梦梅考完试后回家，带来了战争的消息。杜丽娘担心自己的父母亲，她让柳梦梅带上自己的画像去淮扬打听父母的情况，如果能见到他们，就告诉他们——女儿重新回到了人间。

这时，从南安来的陈最良老先生也在寻找杜宝。他到了淮安城外，却被敌人的将军李全抓住。李全知道他和杜宝的关系后，就骗他说，杜宝夫人和侍女春香已经被杀死，然后放他去见杜宝，想动摇杜宝，让他放弃淮安。陈最良进入淮安城，见到了杜宝，告诉他夫人和春香已死，杜小姐的坟也被偷了。杜宝忍住悲痛，写了一封信，让陈最良带给李全。李全本来是宋人，他一方面害怕大宋的军队力量，另一方面又担心打不进淮安城会受到金国的处罚，再加上看了杜宝的书信，考虑来考虑去，决定不再为金国作战。淮安的危险解除了。

杜宝夫人和春香坐船来到临安，天已经黑了，他们见到一所房子，想借住一夜。夫人在月光下见到女主人很像自己死去的女儿，以为遇见了女儿的鬼魂。对女儿的思念让她泪眼模糊，忘了害怕。这时<u>石道姑</u>拿着灯出来，夫人这才知道她的女儿又活过来了。相聚的眼泪流也流不停，想说的话讲也讲不完。

<u>柳梦梅</u>辛辛苦苦来到了<u>淮安</u>，说自己是<u>杜宝</u>女儿的丈夫，请守门人报告<u>杜宝</u>大人。守门人不相信他说的，他就自己闯了进去。<u>杜宝</u>见他有自己女儿的画像，以为他就是偷坟贼，让手下把他抓了起来。因为战争危险已经解除，<u>杜宝</u>要回<u>临安</u>，于是就带上<u>柳梦梅</u>回<u>临安</u>处罚。此时<u>临安</u>城里国家考试的结果公布了，<u>柳梦梅</u>是第一名，但人却找不到。考官大人听说<u>杜宝</u>正在打一个叫"<u>柳梦梅</u>"的偷坟贼，连忙跑到<u>杜</u>府，救下了这个幸运儿。

<u>杜宝</u>还是不相信<u>柳梦梅</u>。即使在见到了女儿<u>杜丽娘</u>、夫人和<u>春香</u>后，也还是觉得他们都是鬼魂。最后只能由皇帝来决定。皇帝说："人走的时候会有影子，而鬼魂害怕的是镜子。"皇帝用一面古老的镜子，证明了<u>杜丽娘</u>不是鬼，而是人。

死去了又活过来，梦里的事情也变成了真的——世上还有哪个女子的经历比<u>杜丽娘</u>更神奇呢？

本级词：

暂时 zànshí | for the time being, for the moment	被动 bèidòng | passive
当前 dāngqián | at present	古老 gǔlǎo | ancient
打击 dǎjī | to strike, to crack down on	

超纲词：

游玩 yóuwán | play

悲痛 bēitòng | sorrow

贼 zéi | thief

幸运儿 xìngyùn'ér | lucky dog

练 习

1. 文中出现的地名中，哪一个城市在最北方？哪一个城市在最南方？

   A. 南安   B. 临安   C. 扬州   D. 淮安

2. 请按时间顺序排列以下事件。

   ①淮安的危险解除了。

   ②皇帝用镜子判断杜丽娘是人还是鬼。

   ③杜丽娘见到了母亲。

   ④柳梦梅参加考试。

   ⑤柳梦梅被当成偷坟贼抓了起来。

3. 除了杜丽娘和柳梦梅，故事中还有哪些人物让你印象深刻？为什么？

第七章 《桃花扇》：当爱情遇到时代的大变动

爱情不仅是因为美貌

1643年二月，明朝的另一个首都——南京，已早早地进入了春天。柳叶绿了，燕子也飞了回来。望着江南的景色，二十五岁的侯方域心想：花与鸟只知道跟随自然的季节，哪里在乎国家的命运和时代的变化！

侯方域的老家在河南 商丘，他来南京参加考试，因为北方战争不断，没能返回故乡，一直住在莫愁湖旁。他凭着文章方面的才能，加入了文人团体——复社，名声越来越大，也和住在蔡益所书店的陈贞慧、吴应箕成了关系密切的好友。陈、吴二人都是复社的重要成员，吴应箕曾经写过一篇著名的文章，批评了政治敌人阮大铖，展现了文字的巨大力量，受到大家的尊敬。他们三人经常见面，议论时事政治。最近传来消息：李自成的农民军离北京越来越近，左良玉带领的政府军退到湖南 襄阳。国家大事已经不需要再问，离他们近的，是冶城道院的梅花、民间艺人柳敬亭讲的故事、鸡鸣埭上的戏曲演出，还有秦淮旧院艳丽的歌女。他们借诗酒聚会，消除心里的烦愁。

被骂的阮大铖其实也有才能，喜欢写诗编戏，在裤子裆的家中养了戏班。但他的政治道德很差，有难以洗白的"黑历史"。就连去参加文庙举行的典礼，也被复社的少年们赶了出来。怎样才能改善自己的社会名声呢？做过小官、又是画家的<u>杨文骢</u>出了个主意，他说："<u>秦淮旧院</u>的<u>李贞丽</u>，让我为她的养女<u>李香君</u>介绍合适的客人，<u>李香君</u>跟着苏昆生学的昆曲，美貌和表演才能都是一流，我第一个想到的就是<u>侯方域</u>。<u>阮</u>兄如果愿意出钱，帮他把好事办成功，就可以请他在<u>陈贞慧</u>、<u>吴应箕</u>面前多多说好话，改变<u>复社</u>对你的态度。"<u>阮大铖</u>听了很高兴，立刻拿出三百金交给<u>杨文骢</u>，让他替自己去办。

经过<u>杨文骢</u>的介绍，清明那天，<u>侯方域</u>在<u>旧院</u>见到了十六岁的<u>李香君</u>，这个能唱《牡丹亭》的美丽少女让他心动。美女和文人，歌舞配文章，旧院的空气中充满了恋爱的味道。<u>杨文骢</u>说："好事不用等，这个月十五日就可以举办婚礼。"<u>侯方域</u>说："我当然很愿意，但我在<u>南京</u>做客，拿不出足够的银钱和礼物。"<u>杨文骢</u>说："这个不需要担心，小弟我来准备。"

十五日，<u>杨文骢</u>送来了几大箱东西，并把准备酒菜的钱交给<u>李贞丽</u>，<u>李贞丽</u>在自家<u>媚香楼</u>举办了热闹的酒席，邀请了许多客人，大家纷纷表示祝贺。有人建议<u>侯方域</u>写诗来庆祝，于是，<u>侯方域</u>拿出家里传下来的扇子，为<u>李香君</u>写下了一首诗，来纪念这个美好的日子："青溪尽是辛夷树，不及东风桃李花。"他把扇子送给<u>李香君</u>，也收获了这位美丽少女的爱情。

第二天，<u>杨文骢</u>来到<u>媚香楼</u>，向<u>侯方域</u>表示祝贺。<u>杨文骢</u>说："看把我忙的，好像<u>香君</u>是我的女儿一样。"<u>李香君</u>问道："<u>杨</u>老爷也是在<u>南京</u>做客的，能

力有限，为什么要为我们花这么多金钱？我心里很不好意思，所以想问个明白，以后也好报答。"侯方域也说："香君问得有道理，昨天受的恩太厚，我也觉得不安。"杨文骢说明了阮大铖的请求。侯方域说："如果他确实后悔从前的行为，倒也可以原谅。"可李香君望向侯方域，说："阮大铖是怎样的人，就连女子和小孩也都知道。你要是救他，朋友们会怎么看你？如果是因为他出了钱，让你为难，那我愿意全都退还给他！"她拔下头上的首饰，脱掉新换的衣服。侯方域很是感动，他说："香君说得好，朋友之间最重要的就是'信'与'义'。阮家的东西，香君不用，就请拿走吧。"

侯方域重新认识了李香君，面前这个去掉了艳丽打扮的女子，是他的恋人，也是他值得尊敬的朋友。李贞丽还在为钱和东西感到可惜，侯方域说："我会赔回来的。"

本级词：

变动 biàndòng | change

返回 fǎnhuí | to return

展现 zhǎnxiàn | to reveal, to show

时事 shíshì | current affairs

消除 xiāochú | to eliminate

难以 nányǐ | difficult to

典礼 diǎnlǐ | ceremony

一流 yīliú | first-rate

扇子 shànzi | fan

后悔 hòuhuǐ | to regret

全都 quándōu | all

赔 péi | to compensate

超纲词：

文人 wénrén | scholar, literati

梅花 méihuā | plum blossom

艺人 yìrén | artist

戏曲 xìqǔ | traditional (Chinese) opera

歌女 gēnǚ | singsong girl

戏班 xìbān | theatrical troupe

养女 yǎngnǚ | adopted daughter

昆曲 Kūnqǔ | Kunqu Opera

心动 xīndòng | to be impressed

辛夷树 xīnyí shù | magnolia tree

桃李花 táolǐ huā | plum flower

练习

1. 选出剧中人物各自的住处。

   侯方域   A. 裤子裆

   陈贞慧、吴应箕   B. 秦淮旧院

   阮大铖   C. 莫愁湖旁

   李香君   D. 蔡益所书店

2. 以下是侯方域写给李香君的诗中出现的四种事物，哪一种指李香君?

   A. 青溪   B. 辛夷树   C. 东风   D. 桃李花

3. 李香君坚持不用阮大铖的东西，你认为她做得对吗? 为什么侯方域把李香君看作"值得尊敬的朋友"?

二　没想到这么快就要分离

七月，守在武昌（Wǔchāng）的左良玉军队传来消息：由于粮食不够吃，左良玉打算领着他的大军到南京来。南京官员十分紧张，担心左良玉说是为了粮食，实际上是想占领南京，从而控制全国。兵部官员熊明遇（Xióng Míngyù）非常着急，他想到了侯方域。侯方域的父亲侯恂（Hóu Xún）担任政府重要职务时，把左良玉从一名小军官提升成将军，对左良玉有恩。侯方域接到请求，就用父亲的名义写了一封信，劝左良玉不要带军队到南京来。在侯方域看来，这么做是为了国家，是自己的义务，没想到的是，阮大铖却把这变成一盆黑水向他泼来。

十月，在清议堂召开的会议上，阮大铖说："我听说这次左军要来，是因为有人偷偷给他出了主意，这个人就是侯方域。他们关系密切，常常秘密地通信，信中用些别人不知道的密码，旁人哪里看得出来。如果不早一点除掉他，将来一定会是大麻烦。"阮大铖的话不是在场每个人都相信，但负责管理凤阳地区的马士英（Mǎ Shìyīng）说："你说的有道理，我们不必因为一个人，而让整个南京城处于危险之中。这样的人是应该杀的，我回去后就派人抓他。"

杨文骢是马士英的妹夫，听到消息后，急忙跑到媚香楼通知侯方域。李贞丽说："还是赶快走的好。"侯方域说："我和香君刚刚在一起，怎么舍得现在离开？"李香君说："你一直认为自己是做大事的人，怎么像小孩子一样？"杨文骢建议他去找淮安官员史可法（Shǐ Kěfǎ）。史可法曾为侯恂工作过，是一位正直的官员。侯方域接过李香君为他整理好的行李，说："我们暂时分别，应该不久会再见。"李香君忍着眼泪说："天下到处都是乱纷纷的，不一定能够再见，你要照顾好自己。"

茶酒还是热的，美丽的歌舞表演好像还在眼前，可是风雨说来就来，聚和散又有谁能说得准呢？左良玉没有来南京，而侯方域却离开了南京，成为史可法的一名顾问。人生的变化这样突然，一个国家的命运也是如此。

1644年三月，<u>左良玉</u>在<u>武昌</u> <u>黄鹤楼</u>^{Huánghè Lóu}请客喝酒时接到了报告：<u>李自成</u>打入了
<u>北京</u>城，烧掉了皇宫，<u>崇</u> <u>祯</u>^{Chóngzhēn}皇帝在<u>景山</u>自杀。失去了主人的<u>左良玉</u>忍不住痛哭
起来，他和他这支几十万人的军队应该作怎样的打算呢?

当<u>左良玉</u>还在观察和等待，<u>马士英</u>和<u>阮大铖</u>已经在<u>南京</u>行动了起来。虽然<u>史
可法</u>认为<u>福王</u> <u>朱由崧</u>^{Zhū Yóusōng}并不适合当皇帝，但<u>马士英</u>和<u>阮大铖</u>联合了<u>江北</u>的军队，成
功地把<u>福王</u>推上皇帝的宝座，也因此从新主人那里得到了满意的职位。

在<u>福王</u>的新官员中，有一个<u>马士英</u>的同乡，名叫<u>田仰</u>，想娶一名歌女为妾，
就让<u>杨文骢</u>帮忙介绍。<u>杨文骢</u>还是可惜<u>李香君</u>的美貌和歌舞才能，他觉得<u>侯方域</u>
已经离开，哪里还会想到这个身份低下的歌女? 于是就找人去问<u>李香君</u>的意思。

"<u>田</u>大人愿意出三百金，这么好的条件，你妈妈一定很高兴。"

"如果你不抓住现在的好机会，一旦以后被叫到皇宫里学戏，就再也见不到
外面的男子了!"

"<u>杨</u>老爷刚升了新职位，连你们这儿的官他也管得了，你不听他的话，就不
怕他生气吗? "

大家你说一句我说一句，都想劝<u>李香君</u>同意，但<u>李香君</u>的态度很坚决，她
说："我是薄福人，享受不了你们说的快乐。我是不会去的，你们就请回吧。"

本级词:

占领 zhànlǐng | to occupy

从而 cóng'ér | thus

泼 pō | to splash

在场 zàichǎng | (to be) present

之中 zhīzhōng | among

顾问 gùwèn | counselor

一旦 yídàn | in case, once

超纲词:

名义 míngyì | (in the) name (of)

妹夫 mèifu | brother-in-law

痛哭 tòngkū | to cry bitterly

宝座 bǎozuò | throne

练习

1. 本文中新出现的人物有哪些?

   A. 左良玉   B. 阮大铖   C. 马士英

   D. 杨文骢   E. 朱由崧   F. 田仰

2. 故事中, 侯方域和李香君在一起的时间大概有多久?

   A. 三个月   B. 半年   C. 一年   D. 两年

3. 杨文骢找人劝李香君。下面是李香君的回答, 分别回答了文中哪一句话?

   A. "哪怕始终一个人, 又有什么难的?"

   B. "不管你怎么吓我, 我都不会改主意。"

   C. "写在扇子上的诗, 价值超过一万金。而且妈妈爱我, 我不愿意的事情, 她不会要我做的。"

三　桃花扇是一把怎样的扇子？

　　史可法负责江北的军事，管理着高杰、黄得功、刘泽清、刘良佐四支军队。对于刚成立的政府来说，这些军队是他们安全的保证，也是他们北上恢复国家的希望。但是，本来应该团结合作的四支军队，互相之间却为了名声和利益争来争去，还没为国家做些什么，自己却先打了起来。侯方域向史可法建议，把高杰的军队派往河南的开封、洛阳一带，和北方的许定国军队一起，阻止农民军南下。史可法认可了他的意见，让侯方域跟随军队一起前往，一是可以帮高杰出主意，二是可以回一下自己的老家河南。于是，侯方域在离开故乡三年后，跟着高杰的军队来到了河南。

　　战争带来的灾难、乱纷纷的国家形势，这些一点也没有影响到马士英的心情。皇帝都是他扶起来的，还有什么事是他办不到的呢？他邀请了同乡与好友在自己家的万玉园中喝酒听戏。他们叫的歌女中，有一个叫李香君的，说身体不好，不愿意来。阮大铖对马士英说："这个李香君被复社的侯方域教坏了，田大人要娶她，都被她拒绝了。"马士英听了很生气，说："叫手下人拿着钱和衣服，用轿子去抬她，送到田大人家！"

　　杨文骢担心李香君，跟着轿子来到媚香楼。他劝李香君说："我看啊，三百金也不算亏，田仰的官职也不算低，而且你有多大本事，能比得过他们两家的势力？"李香君说："阮大铖和田仰是一样的人，先前阮家送的钱都没要，倒要跟着田仰吗？"她拿出侯方域送的扇子，说："你们谁也劝不了我，我只在家里等侯公子，死也不下这楼梯！"杨文骢和李贞丽听见外面一声声喊得急，只能上前来拉李香君。李香君用手里的扇子前后乱打，一个没拉住，摔倒在地上，头撞出了血，洒到了手里的扇子上。李贞丽连忙叫人把李香君扶到床上，着急地问杨文骢怎么办。杨文骢说："马士英要是抬不到人，你们母女的性命还想要吗？其实原来是一件好事，香君既然没这个福气，要不你就替她享受去吧，他们没见过香君，也不怕被认出。"李贞丽舍不得走，但又没有别的办法，只能收拾打扮一下，坐进轿子，离开了她经营多年的媚香楼。留给李香君的，是空空的楼与漫长的夜。

几天后，杨文骢和昆曲师傅苏昆生一起来看望，见桌上放着染了血的扇子，十分同情。苏昆生摘来草叶，制作成草汁，杨文骢就用草汁在扇子上画了一些枝叶，而血染的地方就成了开在枝叶上的桃花。苏昆生说自己打算回河南老家，可以帮忙传信给侯方域，李香君就请苏昆生把桃花扇带给侯方域。

1645年，新年刚过，皇帝朱由崧命令礼部选歌女和艺人，要在皇宫里表演阮大铖写的戏《燕子笺》，李贞丽也在名单中。

这天，阮大铖请马士英、杨文骢等人在赏心亭喝酒，把选出的歌女叫来陪酒唱曲，其中有冒了李贞丽名字的李香君。当她知道面前坐着的就是马士英和阮大铖时，她说："我唱不了。我这里夫妻被拆散，母女被分离！也许我一个人的伤心事不值得提，但各位大人，你们担任着重要职位，不想着救国家救人民，却只考虑自己的利益和享受，恐怕这只剩下一半的国家，都要坏在你们的手里！"

杨文骢连忙让人把李香君拉出去，他赔着笑说："二位身份尊贵，歌女身份低下，就好像是天和地的差距，不必跟她生气。"

本级词：

恢复 huīfù | to recover

一带 yídài | area

亏 kuī | to lose money

势力 shìlì | influence

摔倒 shuāidǎo | to tumble, to fall over oneself

认 rèn | to recognize

师傅 shīfu | master

染 rǎn | to dye

桃花 táohuā | peach blossom

冒 mào | to go under somebody else's name

差距 chājù | gap, difference

82

超纲词:

轿子 jiàozi | sedan

公子 gōngzǐ | son of a feudal prince or
     high official

母女 mǔnǚ | mother and daughter

汁 zhī | juice

枝叶 zhīyè | branches and leaves

尊贵 zūnguì | honorable

练 习

1. 本文中，谁没有去河南?

   A. 侯方域   B. 史可法   C. 高杰   D. 苏昆生

2. 赏心亭中，阮大铖和马士英知道面前的歌女是李香君吗?

3. 李香君请苏昆生把扇子带给侯方域，是想表达什么意思呢?

四　当爱情遇到时代的大变动

李香君等艺人和歌女，被带进皇宫学戏。皇帝朱由崧现在最关心的，不是剩下的那一小部分农民军，不是自己这边军队弱、粮食少，也不是已经代替了农民军、占领了北京城的清朝，而是作为国戏的《燕子笺》能不能顺利地在正月十五的元宵节上演出。他亲自选定角色，指导表演。音乐、歌女、美酒、戏剧，让这位皇帝深深沉醉，他的歌舞场里只有欢乐，他的酒香国中没有忧愁。

北方的形势已经发生了变化。高杰与侯方域并没有意识到，要过黄河南下的，不再是农民军，而是清朝的军队。许定国在酒席上杀死了高杰，把高杰的人头作为礼物献给了清朝，并在夜里带着清军过了黄河。高杰的军队完全失去了战斗力，侯方域也只能逃走。在黄河边，他遇到了前来找他的苏昆生。看着大路上纷纷乱跑的士兵，侯方域说："我还有什么脸去见史大人呢？"苏昆生建议先回南京看李香君，然后再商量下一步怎么办。

三月的秦淮，桃花仍旧开得艳丽，侯方域却没有找到李香君。杨文骢对他说："如今马士英、阮大铖掌握着政治，想要除掉那些反对过他们的人，打击复社也一点都不手软，我虽然跟他们关系不错，也不敢讲些什么。你最好不要在这里停留，另外去找安全的地方躲一躲吧。"

侯方域想起复社的好友，他来到蔡益所书店，见到了正在编《复社文开》的陈贞慧和吴应箕。三人正说着话，没想到一群士兵闯了进来，说接到皇帝的命令，来抓复社成员，把陈贞慧、吴应箕和侯方域带走关了起来。

苏昆生听说消息，担心三人的性命，不顾五十岁的年纪，跑到了武昌，请求左良玉的帮助。左良玉说："我要带军队去南京，帮助皇帝清理身边的这些人！"

马士英和阮大铖接到左良玉的战书，为了阻止左良玉东下，把黄得功、刘泽清、刘良佐的军队派往九江。左良玉战斗失败，死在了军队中，而长江的北方，从淮扬一直到黄河，就成了一点军事力量都没有的地带。

这时，<u>史可法</u>接到报告，<u>清军</u>已经进入<u>淮扬</u>地区，而他手中可以指挥的士兵，还不到三千人。四月二十四日夜里，他站在<u>扬州</u> <u>梅花岭</u>（Méihuā Lǐng）上，心中十分悲痛。他对自己的士兵说："我们有三千人，分成三队作战。城外是战场，城内也是战场；屋外是战场，屋内也是战场。就让我们跟<u>扬州</u>城一起生、一起死吧！"

当<u>清军</u>包围<u>扬州</u>时，皇帝<u>朱由崧</u>逃出了<u>南京</u>，躲到<u>芜湖</u>（Wúhú） <u>黄得功</u>军中，而<u>刘泽清</u>和<u>刘良佐</u>要把他当作礼物，送给<u>清朝</u>。<u>黄得功</u>反对，但没有力量保护皇帝，他只能用死来表明自己的选择。他拔剑大叫："大小三军，都来看断头将军呀——"

<u>清军</u>打进<u>扬州</u>，<u>史可法</u>跳进了滚滚<u>长江</u>。<u>南京</u>的大门被打开了，<u>明</u>朝失去了它开始的地方，也失去了它最后的机会。

<u>马士英</u>和<u>阮大铖</u>逃出了<u>南京</u>，<u>杨文骢</u>也逃向他<u>贵阳</u>（Guìyáng）的老家。<u>侯方域</u>从<u>狱</u>中出来，避入城东<u>栖霞山</u>（Qīxiá Shān）的一座寺院。<u>李香君</u>逃出了皇宫，来到了<u>栖霞山</u>的<u>葆真庵</u>（Bǎozhēn Ān）。

后来，在<u>栖霞山</u>法事现场，<u>侯方域</u>见到了<u>李香君</u>。这是为<u>崇祯</u>皇帝以及战争中死去的人举行的法事。战争带走了太多东西，留下了巨大的<u>伤痛</u>。那曾经坐满客人的高楼倒了，高楼里的鲜花和爱情也失去了依靠。主持法事的<u>张道士</u><u>撕</u>碎了<u>侯方域</u>拿出的桃花扇，<u>秦淮</u>旧事像梦一样地走远了。<u>侯方域</u>和<u>李香君</u>最后成为山中的道士，就像那个时代的很多人一样。

本级词：

意识 yìshí | to realize

掌握 zhǎngwò | to grasp, to master

停留 tíngliú | to stay

地带 dìdài | zone

超纲词：

元宵节 Yuánxiāo Jié | Lantern Festival

沉醉 chénzuì | to be intoxicated

忧愁 yōuchóu | sadness

战书 zhànshū | declaration of war

狱 yù | prison

伤痛 shāngtòng | pain

撕 sī | to tear

练 习

1. 请按时间顺序排列以下事件。

   ①清军攻打扬州、南京。

   ②李香君等艺人和歌女被带进皇宫学戏。

   ③士兵抓走了陈贞慧、吴应箕和侯方域。

   ④为崇祯皇帝以及战争中死去的人举行法事。

   ⑤左良玉战败。

2. 除了侯方域和李香君，你对故事中哪一个人物印象最深？为什么？

3. 在故事中，侯方域和李香君最后成为道士，如果你是作者，你会让侯方域和李香君的故事怎样结束？为什么？

第八章

《长生殿》：唐朝由强变弱是因为杨玉环吗？

一　礼乐

公元745年八月的一天，长安城的皇宫中，正在举行一场典礼。这场典礼是为宫女杨玉环（Yáng Yùhuán）准备的，从今天开始，她就是大唐的"贵妃"了。按照程序，她先在华清池（Huáqīng Chí）洗了温泉，然后由永新、念奴两位女官为她换上礼服，接着，地位最高的内官高力士把她带到皇帝李隆基（Lǐ Lóngjī）的面前。

李隆基的心中充满自信和满足。他对国家的治理已经获得了巨大成功。强大而有效的军事和外交，让战争远离了他的国家；民间粮食充足，物价便宜；社会治安良好，几乎不需要用法律。他在自己的青年与中年创造出一个美好的时代，现在，他想慢下脚步，好好享受人生的香甜。此时的杨玉环，无疑是开在他国土上最艳丽的那朵牡丹花。

望着带笑的皇帝，杨玉环说："汉代有冯嬺（Féng Nì）和班姬（Bān Jī）。熊跑了出来，要伤害汉元帝，冯嬺勇敢地站到熊和汉元帝之间；班姬拒绝了汉成帝让她一起坐车的邀请，因为历史上优秀的皇帝都跟官员一起坐车。我要像冯嬺和班姬一样，做好我应该做的事，带着对你的爱，永远陪在你的身边。"

李隆基拿出准备好的礼物——金钗和钿盒，交到杨玉环的手里。他说："这个世界上无数的宝贝我都想送给你，而今天我选出了两件特别的东西，来表达我对你的感情。这支金钗，可以斜斜地插在你的头发上；这只钿盒，可以深深地藏在你的袖子里。我希望和你一起变老，永远也不分离，就像金钗的两根叉，就像钿盒的盖与底。"

"贵妃"的称号和珍贵的礼物还远远不够表达他对杨玉环的感情。他知道杨玉环从小失去父母，在叔叔家长大，为了让她感受到家人的爱，他把她的三个姐姐接到了长安，分别给了她们"韩^{Hán}国夫人""秦^{Qín}国夫人""虢^{Guó}国夫人"的称号，也给她的哥哥杨国忠安排了重要职位。

春天，天气晴朗，李隆基带着杨玉环和她的杨氏家人，前往长安东南的曲江游玩。他们的车马就好像一朵朵彩色的云，从人们面前经过时，吹起一阵阵带着香味的风。他们的车马成了长安人眼中美丽的风景，皇帝和贵妃的爱情甚至改变了社会的风俗，生一个漂亮的女儿成了无数家庭的愿望。可是，他们的爱情也会有经历考验的时候。

杨玉环的亲姐姐虢国夫人很早就失去了丈夫，她是一个从来不在脸上化妆的美女，哪怕在皇帝面前也不例外。曲江的酒会上，虢国夫人显然成功地吸引住了李隆基的目光，亲热的话来来去去，刺痛了旁边的杨玉环。她什么也没说就站起身来离开，返回了长安。这使李隆基十分生气，本来是一场美好的聚会，现在却这样结束了，他命令高力士把杨玉环送到杨国忠府里。

　　命令下了，杨玉环也送走了，但李隆基的心里却一点也没变轻松。杨国忠来向他道歉，他不好意思见；送来的饭菜，他也没有心情吃；他的梨园戏班要献上最新的音乐，也被他拒绝了。想来想去，还是让高力士去看看杨玉环那边的情况。高力士带回一缕杨玉环的头发，他说："娘娘的眼泪就像珍珠乱滚，她说自己做错了，但眼泪不能像珍珠一样串起来，只能剪下一缕头发献上，表达对您的依恋。"听到这里，李隆基的心已经被思念装满，但刚下的命令怎么能这么快就收回呢？高力士好像知道他想什么似的，低声地说："早晨出门时，才刚天亮，现在天已经暗了，外面的人谁会知道呢？我去把娘娘接回来吧。"李隆基点头答应，心想："这原来就是我的不对，等她来了，我一定要多说好听的话，安慰她这半天的分离。"

本级词：

治理 zhìlǐ | to govern

物价 wùjià | price of commodities

治安 zhì'ān | public security

脚步 jiǎobù | footstep

无疑 wúyí | undoubtedly

叉 chā | fork

称号 chēnghào | title

珍贵 zhēnguì | valuable

晴朗 qínglǎng | sunny

例外 lìwài | exception

珍珠 zhēnzhū | pearl

安慰 ānwèi | to comfort

超纲词：

贵妃 guìfēi | imperial concubine

温泉 wēnquán | hot spring

礼服 lǐfú | formal dress

金钗 jīnchāi | gold hairpin

钿盒 diànhé | filigree box

袖子 xiùzi | sleeve

化妆 huàzhuāng | to put on make-up

亲热 qīnrè | affectionate

道歉 dàoqiàn | to apologize

缕 lǚ | strand

串 chuàn | to string together

依恋 yīliàn | attachment

练 习

1. 金钗、钿盒作为礼物有什么含义？

2. 皇帝和贵妃的爱情让世间的风俗发生了怎样的改变？

3. 请按时间顺序排列以下事件。

   ①杨玉环剪下头发交给高力士。

   ②李隆基送给杨玉环金钗与钿盒。

   ③杨玉环的三个姐姐陪杨玉环在曲江游玩。

   ④典礼日，高力士把杨玉环带到李隆基面前。

二 霓裳羽衣

对于音乐歌舞，李隆基可以说是专家，他不仅喜欢，而且还深入研究，但已经很久没有让他惊喜的作品出现了。上一次的惊喜，还是好多年前宫女江采萍的《惊鸿舞》带给他的，后来每次提到，他都会称赞。

杨玉环也想创作一首音乐，超过江采萍，但她明白，美丽的音乐可遇而不可求。

夏天的夜里，杨玉环做了一个梦，梦见嫦娥(Cháng'é)的侍女寒簧(Hánhuáng)带她来到一座建筑前。刚才还热得出汗，为什么现在却这么寒冷？难道这里就是传说中月亮上的广寒宫(Guǎnghán Gōng)吗？只见高大的桂花树下有几位仙女，穿着白色的上衣、红色的裙子。她们正在演奏音乐，音乐是那么美丽动人，相比起来，自己以前的歌舞根本就不算什么。

醒来以后，杨玉环把梦中听到的音乐记了下来。她根据自己的理解，完善了音段之间的连接，安排好声调和节奏，花了一上午的时间，整理成乐谱。李隆基看了后说："好奇怪，这不像人间的音乐啊，像是从天上下来的。"仔细地读过后，他说："太完美了，我竟然提不出一点意见。请问音乐名叫什么？"杨玉环说："我昨夜梦见月亮上的仙女穿着美丽的衣服演奏音乐，想取一个名字叫《霓裳羽衣》(Nícháng Yǔyī)。"李隆基称赞说："非常合适！原来你是从月亮上下来的仙女呀！"他让杨玉环指导永新和念奴抄写乐谱，传给梨园的李龟年(Lǐ Guīnián)，教戏班演奏。

为赶上演出期限，李龟年抓紧晚上的时间，在朝元阁(Cháoyuán Gé)中带着戏班练习。马仙期敲的是由十六块铁片组成的方响，雷海青弹的是专门制作的铁拨，贺怀智和黄幡绰分别演奏琵琶和板。

江南有名的音乐家李谟(Lǐ Mó)正在长安游玩，他听说后，很想学习，正好朝元阁靠着墙，他就躲在墙外听。月光像水一样，洒向骊山(Líshān)的华清宫(Huáqīng Gōng)。墙内传出优美的音乐，好像是敲响了秋竹，又好像是打碎了春冰。李谟拿出笛子，跟随着音乐吹了起来，完全忘记了自己的存在。

《霓裳羽衣》带给李隆基的惊喜，不止在于音乐。

杨玉环生日这一天，李隆基在长生殿为她庆祝。她对李隆基说："第三段音乐是非常适合舞蹈的。今天我准备了一个玉盘，请让我试着在上面跳给你看。"于是，李龟年领着戏班开始按乐谱演奏，杨玉环跳上玉盘，而李隆基亲自敲羯鼓，来配合音乐和舞蹈。这是一场怎样的表演呢？在世界上最好听的音乐声中，玉盘上的杨玉环像红云在舞，像荷花在摇，像凤凰在飞……

从皇帝的表情中，杨玉环知道自己成功了。李隆基把装满酒的金杯递到她的嘴边，又取下腰间的香包为她戴上，还让高力士拿来刚刚送到的荔枝。他说："因为你喜欢吃荔枝，我特意让地方用快马送到长安，正好赶上你的生日。"杨玉环说："荔枝的外皮颜色十分艳丽，里面的果肉像宝石一样透明，拿在手里就闻到了香气，吃在口中又甜又凉，这样的水果也只有在你的桌子上才能吃到。"李隆基听了很满足，他不在乎涪州、海南两地到长安的距离，又怎么会想到那些为送荔枝而累死的马、撞倒的人和破坏的农田呢？

有了《霓裳羽衣》，那曾经的《惊鸿舞》就不再被提起，跳舞的宫女江采萍，也许已被忘记了吧。

传统的七夕节到了，这是天上的织女星和牛郎星见面的日子。李隆基和杨玉环站在长生殿前，向上天祝拜："天上的牛郎织女星啊，请让我们永远也不要分离。"

本级词：

出汗 chūhàn | to sweat

连接 liánjiē | to connect

不止 bùzhǐ | more than

提起 tíqǐ | to mention

超纲词：

桂花树 guìhuā shù | osmanthus tree

仙女 xiānnǚ | fairy

演奏 yǎnzòu | to play (a musical instrument)

声调 shēngdiào | tone

乐谱 yuèpǔ | music score

方响 fāngxiǎng | fangxiang (a set of iron plates, used as a percussion instrument)

铁拨 tiěbō | tiebo (a plucked string instrument)

笛子 dízi | flute

舞蹈 wǔdǎo | dance

羯鼓 jiégǔ | Jie drum (an ancient hourglass drum)

荷花 héhuā | lotus

凤凰 fènghuáng | phoenix

荔枝 lìzhī | litchi

果肉 guǒròu | pulp

农田 nóngtián | cropland

练 习

1. 根据本文内容，说说古代中国人的想象中，月亮是怎样的。

   A. 月亮上很冷。

   B. 月亮上有桂花树。

   C. 嫦娥住在月亮上的广寒宫里。

   D. 以上说法都正确。

2. 选出剧中人物各自使用的乐器。

李隆基	李谟	马仙期	雷海青	贺怀智	黄幡绰

   A. 方响　　　B. 铁拨　　　C. 琵琶　　　D. 板　　　E. 笛子　　　F. 羯鼓

3. 关于《霓裳羽衣》，下面哪些说法正确？

   A. 这是杨玉环在梦中听到的音乐。

   B. 晚上，李龟年带着戏班在华清宫的朝元阁中练习演奏。

   C. 江南有名的音乐家李谟也来到朝元阁中听演奏。

   D. 这支音乐有好几段。

三　战鼓

借着杨玉环的影响力，杨国忠的地位越来越高，权力也越来越大，除了皇帝，几乎没有人敢对他说"不"，但安禄山是个例外。他们都恨对方，都想加强自己的势力，两人的矛盾甚至闹到了皇帝李隆基那里。

说起来，安禄山能有今天，杨国忠是帮了大忙的。安禄山本来是边境的一名普通军官，曾在一次军事行动中，因为指挥错误，大败逃回，按照法律，应该杀头，但他送了一大笔钱，买通了杨国忠。杨国忠收了钱，就让兵部的人去对李隆基说："安禄山会讲六国语言，武术本领又强，可以留着为国家做贡献。"李隆基于是叫安禄山来面试，见他长得很胖，肚子大得盖住了大腿，就问他说："你这肚子里有什么？"安禄山回答说："我的肚子里装满了对您的忠心。"

安禄山受到了李隆基的信任，不仅担任军事上的重要职务，而且还得到了"王"的称号。他经常秘密地去见李隆基，单独报告军事情况。为了解决杨国忠和安禄山的矛盾，也为了稳定边境，李隆基把安禄山派往范阳担任节度使。

安禄山的军队成为国家北部最大的一支军事力量。离开长安的安禄山心想，杨国忠一直说他不可靠，让皇帝杀了他，还不如借这个机会早做打算。他知道讨厌杨国忠的人不少，于是，经过准备，他假造了皇帝让他去长安杀杨国忠的命令，带着他的百万大军，从范阳出发，向长安杀去。本该用来保护国家的军队，却把刀枪刺向了这个国家的人民。

安禄山的军队很快就打到了潼关。这时，杨玉环正坐在花园里，唱着大诗人李白写的《清平调》，李隆基吹笛子为她伴奏。他们不会想到，这是他们最后一次一起享受音乐带来的美好与和平了。

对于是"打"还是"跑"，大家意见纷纷，但李隆基最后还是接受了杨国忠的建议，决定避往四川，并秘密地命令将军陈元礼带领三千士兵负责保护。

这一切都来得太突然，不管是物资还是人心，显然都准备不足。当他们走到马嵬驿时，军心开始动摇，士兵们都说，安禄山的反叛、皇帝离开长安，这一切都是因为杨国忠，如果不杀他，没有人会愿意继续往前走。不知道是谁先动手的，混乱中，杨国忠被杀死在士兵们的刀下。

　　但大家还是不愿意走。陈元礼向李隆基报告说："杨国忠虽然被杀了，但杨贵妃还在，不杀贵妃，就不能稳定人心。"李隆基说："贵妃是个女人，并没有参与政治啊。"陈元礼说："贵妃虽然没做错，但让她陪在旁边，大家都会感到不安，希望您好好考虑。"李隆基心乱得说不出话来，抱着杨玉环痛哭起来。此时的李隆基，觉得自己还不如一个普通老百姓。杨玉环流着泪说："我受了你的深恩，应该报答，如果能够稳定军心，让你平安到达，那我愿意去死。"李隆基哭得更厉害了："贵妃说哪里话，如果没有你，我的尊贵和财富又有什么意义！"杨玉环说："事情已经是这样了，想要活也没有办法活，如果再犹豫，让你也处于危险，那我的错就更加深重了。"听着外面士兵们的叫喊，李隆基绝望地说："高力士，就听娘娘的吧。"

　　高力士带杨玉环来到佛堂。杨玉环拜了佛，拿出金钗、钿盒交给高力士说："这两件东西，将来和我安葬在一起，千万不要忘记。"在满脸怒气的士兵面前，杨玉环结束了自己三十七岁的一生。

本级词：

用来 yònglái | used for

不足 bùzú | insufficient

动手 dòngshǒu | to start

绝望 juéwàng | despair

超纲词：

权力 quánlì | power, authority

忠心 zhōngxīn | loyalty

伴奏 bànzòu | to accompany (with musical instruments)

物资 wùzī | materials, supplies

反叛 fǎnpàn | to rebel

混乱 hùnluàn | chaos

佛堂 fótáng | Buddha hall

怒 nù | angry

练 习

1. 想杀死杨国忠的是：

   A. 李隆基 　　　　B. 杨玉环 　　　　C. 陈元礼 　　　　D. 士兵

2. 请按时间顺序排列以下事件。

   ①安禄山带着军队从范阳出发杀向长安。

   ②杨国忠建议李隆基逃往四川。

   ③杨国忠和安禄山之间产生矛盾。

   ④李隆基派安禄山担任范阳节度使。

3. 在马嵬驿，李隆基除了交出杨玉环外还有没有别的选择？他和杨玉环的爱情那么深厚，为什么最后仍交出杨玉环？说说你的看法。

四　雨淋铃

安禄山占领了东首都洛阳，在凝碧池（Níngbì Chí）举行了一场庆祝大会。他让戏班为他演奏，他需要用李隆基最喜欢的艺术来证明自己的成功。

一个曾经为李隆基工作过的官员弯着腰低着头对他说："想那李家皇帝，不知道费了多少力气，教成这些音乐，今天都留给您来享受，真是比天还大的福气啊！"而雷海清站起来说："我的地位低下，不曾读书做官，但我看到长安成了一座鬼城，多少人丢了性命，多少人离开了土地，这个时候突然传出歌声、音乐声，你不觉得是天下最奇怪的事情吗？我要用手里的琵琶，打破你的脑袋！"说着，他举起琵琶，向安禄山扔去。

雷海青被带了下去，等待他的是死的痛苦。梨园戏班的人都流下了眼泪，但座位上却有人说："真是没有头脑，忠心又能值多少钱呢？"

去往四川的路上，李隆基吃的是农民献来的饭，听的是老百姓对他的议论。人们都说："因为那个杨贵妃，皇帝整天追求享乐，不管国家政治，让国家到处都是战争，给人民带来不幸和痛苦。"经历了伤心与绝望的李隆基，把皇位传给了自己的儿子李亨（Lǐ Hēng）。

进入四川后，山连着山，道路越来越难走。冒着寒冷的风雨，好不容易到了剑阁（Jiàngé），可以暂时歇歇脚。树林中的雨声滴滴答答，屋外的铃声叮叮当当，还有呼呼的风声，演奏出一首悲伤的音乐，响在李隆基的耳边。

皇帝李亨派出了西北的军队，向东南推进。李隆基在成都（Chéngdū）得到了形势好转的消息。他

命令成都府建了一座寺院，刻了一座杨玉环像。他亲自把像送入寺院。隔着模糊的泪眼，他似乎看到，对面美人像的眼里，也流出两行热泪。

洛阳城里，安禄山没当几天皇帝，就被他的大儿子安庆绪派人杀死了。父亲要把权力交给弟弟安庆恩，这是安庆绪不想看到的。得不到就抢，这就是他从父亲那里学来的本领吧。

还记得梨园的李龟年吗？为了躲避安禄山的叛乱，他来到江南，靠表演维持生活。他把过去的故事写成了歌词，在南京青溪的鹫峰寺（Jiùfēng Sì）旁唱给人们听，一个叫李谟的听众也在其中。当李谟知道面前的艺人就是李龟年时，高兴得就好像是遇到了多年没见的老朋友。他说："我曾在朝元阁外听过你的演奏，偷偷地学了几段《霓裳羽衣》，你是否可以教我完整的乐谱？"李龟年说："既然遇到了知音，我就把我知道的都教给你吧。"于是，李谟把李龟年邀请到了家里，学到了让他日夜想念的《霓裳羽衣》。

经过艰苦的战斗，李亨的军队收回了首都长安，把李隆基从成都接了回来。但除了皇宫的建筑，还有什么是原来的样子呢？

长安的雨夜，李隆基好像又听到了雨声和铃声演奏出的音乐。有两个人进来报告说："娘娘已经打扫好了院子，等着您过去跟她见面呢。"李隆基高兴地跳起来说："原来娘娘没有死啊，我这就跟你们去马嵬驿，把她接回来。"这时，陈元礼来了，问他为什么这么晚了还要出门，要他赶快回去。"怎么又是你？"李隆基心想。他对手下说："快把这个陈元礼杀了，把他的头给我挂起来！"当他急急忙忙来到马嵬驿，那两个人却突然消失不见了，四周一下子变成了曲江，江水翻起巨大的浪，浪里出现了肚子大大的怪物，向他扑来……李隆基大叫着，从梦中惊醒。他呆坐了一会儿，问道："高力士，外边什么在响？"高力士说："是梧桐树上的雨声。"

本级词：

扔 rēng | to throw

铃 líng | bell

刻 kè | to carve

艰苦 jiānkǔ | hard, arduous, tough

四周 sìzhōu | all around

超纲词：

滴答 dīdā | ticktock

叮当 dīngdāng | jingle

好转 hǎozhuǎn | to take a turn for the better

叛乱 pànluàn | rebellion

知音 zhīyīn | understanding friend

怪物 guàiwu | monster

扑 pū | to pounce on

梧桐树 wútóng shù | Chinese parasol tree

练 习

1. 请按时间顺序排列以下事件。

   ①李隆基回到长安。

   ②李隆基在剑阁听雨声和铃声。

   ③李隆基到达成都。

   ④李隆基把皇位传给儿子李亨。

   ⑤李隆基为杨玉环建了寺院。

2. 怎样理解故事最后李隆基的梦？

3. 除了李隆基和杨玉环，故事中还有哪些人物让你印象深刻？为什么？

练习参考答案

第一章《赵氏孤儿》：一人的生命值得用很多人的生命来换吗？

一、2. D   3. ③①④②

二、1. C

第二章《汉宫秋》：美人能换来和平吗？

一、1. A   2. C

二、1. C

2.

双眉	B. 山的颜色
头发	C. 高高堆起
腰身	E. 像柳叶一样细
脸	A. 好像阳光下的薄云
笑	D. 就像春风吹过

3. ①④②③

四、1. C

第三章《单刀会》：中国人为什么喜欢关羽？

一、1

魏（曹魏）	蜀（蜀汉）	吴（东吴）
曹操	关羽	乔公
夏侯惇	刘备	鲁肃
	诸葛亮	孙权

2. D

二、3

名字	特点
刘备	有德行
诸葛亮	感动天地，吓坏鬼神
黄忠	十分厉害
赵云	聪明勇敢
马超	硬汉
张飞	大力士

四、1. ③④①②

第四章 《灰阑记》：谁才是孩子的母亲？

一、1.③①②④

二、1. B　　　2. A B C　　　3. C

三、1. A C

第五章 《西厢记》：古代中国人怎样恋爱？

一、1. C　　　2. D

二、1.④①⑤②③

2.

	怎么办	夫人的想法	崔莺莺的想法
方法一	把崔莺莺交给孙飞虎	坏了崔家的名声	坏了崔家的名声
方法二	崔莺莺自杀	推测：舍不得	对不起母亲
方法三	崔莺莺与救人英雄结婚	虽然不是合适的婚姻，但也总比孙飞虎好	推测：这是最好的办法

四、1. C

第六章 《牡丹亭》：人和鬼怎样恋爱？

三、1. A

四、1. D淮安在最北方，A南安在最南方。

2.④①③⑤②

第七章 《桃花扇》：当爱情遇到时代的大变动

一、1. 侯方域　　　　　　　　C. 莫愁湖旁

　　陈贞慧、吴应箕　　　　D. 蔡益所书店

　　阮大铖　　　　　　　　A. 裤子裆

　　李香君　　　　　　　　B. 秦淮旧院

2. D

二、1. C E F　　2. B

3. A. 回答"如果你不抓住现在的好机会……"

　　B. 回答"杨老爷刚升了新职位……"

　　C. 回答"田大人愿意出三百金……"

三、1. B

四、1.②③⑤①④

第八章 《长生殿》：唐朝由强变弱是因为杨玉环吗?

一、3. ④②③①

二、1. D

2.

李隆基	李谟	马仙期	雷海青	贺怀智	黄幡绰
F. 羯鼓	E. 笛子	A. 方响	B. 铁拨	C. 琵琶	D. 板

三、1. A B D

三、1. D   2. ③④①②

四、1. ④②③⑤①

词汇表

驾驶 jiàshǐ | to drive	1	
坚定 jiāndìng | firm, firmly	1	
艰苦 jiānkǔ | hard, arduous, tough	8	
艰难 jiānnán | difficult, hard	4	
减轻 jiǎnqīng | to alleviate, to reduce	2	
剪 jiǎn | to cut	5	
建造 jiànzào | to build	5	
建筑 jiànzhù | architecture	5	
剑 jiàn | sword	1	
将军 jiāngjūn | general	1	
奖励 jiǎnglì | to reward	2	
交代 jiāodài | to make clear, to explain	6	
交界 jiāojiè | border	2	
脚步 jiǎobù | footstep	8	
轿子 jiàozi | sedan	7	
接生 jiēshēng | to deliver a child	4	
节奏 jiézòu | rhythm	2	
羯鼓 jiégǔ | Jie drum (an ancient hourglass drum)	8	
解除 jiěchú | to get rid of	5	
金钗 jīnchāi | gold hairpin	8	
尽管 jǐnguǎn | despite, though	6	
紧紧 jǐnjǐn | closely, tightly	3	
惊喜 jīngxǐ | surprise	2	
惊醒 jīngxǐng | to awaken	2	
敬酒 jìngjiǔ | to propose a toast	5	
酒席 jiǔxí | feast	3	
救命 jiùmìng | Help!	6	

舅舅 jiùjiu | uncle	4
拒绝 jùjué | to refuse	3
绝望 juéwàng | despair	8
军队 jūnduì | armed forces	2
军官 jūnguān | officer	1
军人 jūnrén | soldier	2
军事 jūnshì | military affairs	3

K

靠近 kàojìn | to approach	3
咳 ké | to cough	4
可怜 kělián | poor, pitiful	2
可惜 kěxi | what a pity	2
刻 kè | to carve	8
客厅 kètīng | drawing room	3
肯定 kěndìng | to affirm, sure	1
控制 kòngzhì | to control	2
枯 kū | withered	3
亏 kuī | to lose money	7
昆曲 Kūnqǔ | Kunqu Opera	7

L

烂 làn | torn to pieces	1
狼 láng | wolf	3
浪 làng | wave	3
浪漫 làngmàn | romantic	2
老爷 lǎoye | master, lord	4
冷眼 lěngyǎn | cold shoulder	4

娶 qǔ | to marry (a woman)   4

权力 quánlì | power, authority   8

全都 quándōu | all   7

劝 quàn | to persuade   2

R

染 rǎn | to dye   7

让步 ràngbù | (to make) concession   5

绕 rào | to surround   5

人参 rénshēn | ginseng   1

人间 rénjiān | human world   1

人世 rénshì | human world   6

仁 rén | benevolence, humanity   3

忍 rěn | to endure, to tolerate   1

忍不住 rěnbúzhù | cannot help   4

认 rèn | to recognize   7

扔 rēng | to throw   8

仍旧 réngjiù | still   2

S

洒 sǎ | to spill   2

僧 sēng | monk   5

杀 shā | to kill   1

杀手 shāshǒu | killer   1

傻 shǎ | silly   5

扇子 shànzi | fan   7

伤痛 shāngtòng | pain   7

烧香 shāoxiāng | to burn joss sticks   4

舍不得 shěbude | to grudge, to be reluctant   2

舍得 shěde | to be willing to part with   1

伸 shēn | to stretch   3

神 shén | god   3

神奇 shénqí | magic   1

神情 shénqíng | look, expression   5

声 shēng | sound   1

声调 shēngdiào | tone   8

剩下 shèngxià | to remain, to be left (over)   1

师傅 shīfu | master   7

石灰 shíhuī | lime   4

石阶 shíjiē | stone steps   1

时光 shíguāng | time   1

时事 shíshì | current affairs   7

使者 shǐzhě | envoy, emissary   2

世上 shìshàng | in the world   1

势力 shìlì | influence   7

侍女 shìnǚ | maid   5

收买 shōumǎi | to bribe   4

收拾 shōushí | to arrange, to take care of   5

手下 shǒuxià | under the leadership of, henchmen   1

手印 shǒuyìn | fingerprint   4

首 shǒu | head   3

首 shǒu | (a measure word for a poem, a song, etc.)   5

首饰 shǒushì | jewelry   4

受苦 shòukǔ | to suffer 2

瘦 shòu | thin 2

书呆子 shūdāizi | bookworm 5

熟悉 shúxī | to be familiar with 1

摔倒 shuāidǎo | to tumble, to fall over
oneself 7

双手 shuāngshǒu | both hands 1

水军 shuǐjūn | navy 3

顺着 shùnzhe | along 3

说法 shuōfǎ | statement 4

思念 sīniàn | to miss 2

撕 sī | to tear 7

四周 sìzhōu | all around 8

寺院 sìyuàn | temple 4

搜 sōu | to search 1

算了 suànle | Forget it. 1

碎 suì | to break 4

损失 sǔnshī | to lose 3

缩 suō | to shrink 2

T

抬 tái | to lift up 4

太湖石 Tàihú shí | Taihu stone (often used
in gardens) 5

弹 tán | to play 2

逃 táo | to escape 1

逃走 táozǒu | to run away 4

桃花 táohuā | peach blossom 7

桃李花 táolǐ huā | plum flower 7

讨厌 tǎoyàn | disgusting 2

特有 tèyǒu | peculiar, characteristic 5

提起 tíqǐ | to mention 8

天下 tiānxià | the world 2

甜蜜 tiánmì | sweet 5

挑 tiǎo | to lift up 3

铁拨 tiěbō | tiebo (a plucked string
instrument) 8

停留 tíngliú | to stay 7

同乡 tóngxiāng | a person from the same
village, town or province 5

痛哭 tòngkū | to cry bitterly 7

偷 tōu | to steal 1

偷偷 tōutōu | secretly 2

荼蘼 túmí | roseleaf raspberry 6

脱离 tuōlí | to break away from 4

W

挖掘 wājué | to excavate 6

哇哇 wāwā | to cry loudly 4

晚霞 wǎnxiá | sunset glow 3

望 wàng | to look into the distance 2

围栏 wéilán | fence 4

委托 wěituō | to entrust 6

为难 wéinán | to feel difficult 1

慰问 wèiwèn | comfort 2

温和 wēnhé | gentle 5

温泉 wēnquán | hot spring 8

温柔 wēnróu | gentle 6

文人 wénrén | scholar, literati 7

屋 wū | house, room 4

无疑 wúyí | undoubtedly 8

梧桐树 wútóng shù | Chinese parasol tree 8

舞 wǔ | to dance 2

舞蹈 wǔdǎo | dance 8

物价 wùjià | price of commodities 8

物资 wùzī | materials, supplies 8

X

戏 xì | drama 1

戏班 xìbān | theatrical troupe 7

戏曲 xìqǔ | traditional (Chinese) opera 7

吓 xià | to scare 2

仙女 xiānnǚ | fairy 8

先前 xiānqián | previously, before 5

鲜艳 xiānyàn | bright-colored 6

闲 xián | idle 3

献 xiàn | to present 2

乡村 xiāngcūn | country, village 1

相聚 xiāngjù | to get together, to meet 5

厢房 xiāngfáng | wing-room 5

享受 xiǎngshòu | to enjoy 2

消除 xiāochú | to eliminate 7

歇 xiē | to stop, to rest 3

协议 xiéyì | agreement 2

斜 xié | oblique, slanting 2

心动 xīndòng | to be impressed 7

心事 xīnshì | something on one's mind 1

辛苦 xīnkǔ | hard, laborious 5

辛夷树 xīnyí shù | magnolia tree 7

信 xìn | faith 3

信念 xìnniàn | belief, faith 2

行驶 xíngshǐ | (of vehicles, etc.) to go 2

幸运儿 xìngyùn'ér | lucky dog 6

性命 xìngmìng | life 1

兄长 xiōngzhǎng | a respectful form of address for an elder brother or a male friend 3

雄伟 xióngwěi | grand 5

修养 xiūyǎng | self-cultivation 6

袖子 xiùzi | sleeve 8

许可 xǔkě | permission 5

询问 xúnwèn | to inquire (about) 6

Y

淹 yān | to flood, to drown 3

演奏 yǎnzòu | to play (a musical instrument) 8

艳丽 yànlì | beautiful, gorgeous 2

养女 yǎngnǚ | adopted daughter 7

邀请 yāoqǐng | invitation 3

咬 yǎo | to bite 1

夜晚 yèwǎn | night 2

图书在版编目（CIP）数据

中国传统戏剧故事 / 赵莉编 . -- 上海：上海外语
教育出版社，2024
（阅读中国·外教社中文分级系列读物 / 程爱民总
主编 . 五级）
ISBN 978-7-5446-7397-6

Ⅰ.①中… Ⅱ.①赵… Ⅲ.①汉语—对外汉语教学—
语言读物 Ⅳ.①H195.5

中国国家版本馆CIP数据核字（2022）第204579号

出版发行：上海外语教育出版社
　　　　　（上海外国语大学内）邮编：200083
电　　话：021-65425300（总机）
电子邮箱：bookinfo@sflep.com.cn
网　　址：http://www.sflep.com
责任编辑：梁瀚杰

印　　刷：上海商务联西印刷有限公司
开　　本：787×1092　1/16　印张 7.75　字数 136千字
版　　次：2024年3月第1版　2024年3月第1次印刷

书　　号：ISBN 978-7-5446-7397-6
定　　价：39.00元

本版图书如有印装质量问题，可向本社调换
质量服务热线：4008-213-263